Kirschey · Mörder wie du und ich

Peter Kirschey

Mörder wie du und ich

Geschichten aus dem Gerichtssaal

Gelesen 2000

Traurig aber wahr.!

Das Leben ist spannende + brutaler als jeder Thriller.

Traurig

Moni

Das Neue Berlin

Inhalt

Mörder wie du und ich

Kann jeder zum Mörder werden?

Der Mörder wird nicht als Mörder geboren – ein altbekannter Satz, und doch sollte man ihn sich vor Augen halten, denn in den meisten Fällen ist der, der da als Mörder unseren Abscheu, unsere gesellschaftliche Ächtung erfährt, ein Mensch mit einer Biographie, die sich von der anderer Mitbürger kaum oder bis zu einem bestimmten Punkt gar nicht unterscheidet. Aber tausendfach geraten Menschen in extreme Situationen, aus denen sie keinen Ausweg zu finden meinen. So kann es geschehen, daß das Töten als letzter Befreiungsschlag, als Erlösung, als fälliger Schlußstrich erscheint. Die grausame Tat ist oft viel näher, als wir es wahrhaben wollen.

Mord hält in seiner Ablehnung die Menschheit zusammen. Nichts steht höher in der Verabscheuungswürdigkeit der zivilisierten Welt, als einen anderen Menschen mit Absicht seines Lebens zu berauben.

Den Mörder trifft die ganze Härte des Gesetzes. Lebenslänglich in Deutschland, anderswo auch die Todesstrafe. »Der Mörder«, so sagt es der Paragraph 211 des Strafgesetzbuches, »wird mit lebenslanger Freiheitsstrafe bestraft«. Doch die meisten Mörder sind keine Mörder, sondern Totschläger. Der Totschläger ist nach Paragraph 212 der, der »einen Menschen tötet, ohne Mörder zu sein«. Der Mörder handelt aus juristischer Sicht aus »Mordlust, zur Befriedigung des Geschlechtstriebs, aus Habgier oder sonst aus niedrigen Beweggründen«. Der Totschläger kann zu der Tat provoziert, in die Enge getrieben, verzweifelt oder geistig verwirrt gewesen sein.

Nicht selten wird nach einer aufsehenerregenden Bluttat auch in Deutschland die Forderung nach der Todesstrafe laut. Rund 200 Mark kostet uns in deutschen Landen ein Gefangener am Tag. Der Mörder noch weit mehr, er ist ein teurer Geselle. Jeder vierte Bundesbürger befürwortet heutzutage die Todesstrafe. Vor zehn Jahren war es noch jeder fünfte. Doch die Argumente für die Tötung eines Mörders werden nicht treffender. Weder das Abschreckungs- noch das Rachemotiv würde den Täter von der Tat abhalten. Bleibt höchstens die zynische Feststellung: Todesstrafe ist kostengünstiger. Alle anderen Argumente lassen sich bei nachhaltiger Prüfung nicht aufrecht erhalten.

Es gibt Verbrechen, bei denen größere und kleinere Gauner mit einem Sympathiebonus rechnen können. Arno Funke, der Berliner »Dagobert«, wurde zu einer Verbrecherlegende, weil er die Polizei mit seinen Tricks an der Nase herumführte. Die Berliner Tunnelgangster, die sich ihre – schnell wieder verlorenen – Millionen als zähe Maulwürfe schwer ergraben hatten, ernteten stille Bewunderung.

Der Mörder jedoch ist allein. Seine Tat steht ohne Beispiel, hat die Macht des Unumkehrbaren, fordert Abscheu heraus.

73mal schlugen 1995 – dem letzten statistischen Erfassungsjahr – Mörder und Totschläger in Berlin zu – bis Oktober 1996 wurden schon 81 Morde registriert. In 220 Fällen von 1995 ist nicht nachweisbar, ob die zum Tode führenden Verletzungen unbeabsichtigt oder vorsätzlich erfolgten. Noch größer ist die Zahl jener die mit einer gutbürgerlichen Todesursache zu Grabe getragen werden, obwohl ein anderer seine Hand im Spiel gehabt haben könnte. Gerichtsmediziner sprechen von einer Dunkelziffer von 500 bis 2000 Fällen bei 39 245 Verstorbenen 1995 in der deutschen Hauptstadt. Das sind jene Fälle, bei denen der Arzt, der den Totenschein ausfüllen muß, die wahre Todesursache nicht erkannt hat, nicht erkennen konnte. Es ist die abnorme deutsche Gesetzgebung, die es Ärzten der unterschiedlichsten Fachrichtungen zur Pflicht macht, den Totenschein auszufüllen. Sie müssen die Todesursache konstatieren, obwohl sie dazu gar nicht in der Lage sind. Und sieht der Tote schön natürlich tot aus, ist er auch schön natürlich gestorben. Nur die Gerichtsmediziner könnten das Geheimnis lüften, doch die werden ja immer nur dann zu Toten gebeten, wenn der Verdacht eines unnatürlichen Ablebens besteht. In nur zwei bis drei Prozent aller Todesfälle wird eine gerichtsmedizinische Untersuchung vorgenommen. Zu wenig, meinen namhafte Rechtsmediziner. Es gibt ihn also doch, den perfekten Mord.

Auch könnten unter den 1616 Berlinern, die laut offizieller Statistik an Verletzungen oder Vergiftungen starben, bei den 636 Selbsttötungen oder bei den 686 Unfalltoten des 95er Jahrgangs durchaus Fälle sein, bei denen eine Mörderhand im Spiel war.

Die Massendroge Alkohol darf, gesetzlich geschützt, ganze Familien ruinieren, und Straftäter, die unter Alkoholeinfluß ihr mörderisches Werk vollenden, werden bevorzugt behandelt. Wer an Kokain oder Heroin gelangen will, geht bis zum Mord, wenn er seine Sucht befriedigen muß.

Fast jede zweite Tötung geschieht im Streit. Oft sind es Banalitäten, an denen sich die geschundene Seele aufheizt. Ein paar Mark, eine halbleere Flasche, ein anzügliches Wort – aus der gemütlichen Runde wird tödlicher Ernst.

Dennoch scheinen Mörder – im Gegensatz zur Häufigkeit ihres Auftretens im Fernsehen – keine Massenerscheinung zu werden. Die Zahl der Getöteten in Berlin blieb in zurückliegenden Jahren bei durchschnittlich 100 relativ konstant. Statistiken aus der Zeit vor dem 2. Weltkrieg zeigen, daß auch damals die Mordlust in Berlin nicht ausgeprägter war. So lag die Anzahl der Morde und Tötungen zwischen 1926 und 1939 bei rund 80 bis 100, die Zahl der Totschlagdelikte ging bei den Nazis rapide zurück, die Morde blieben konstant oder stiegen an. Damals lebten allerdings rund eine Million Menschen mehr in Berlin. Auch ist unklar, wie diese Statistik zustande kam, was gezählt wurde und was nicht. Die heutige Berliner Statistik beispielsweise zählt zu den Tötungen, die von Mordkommissionen bearbeitet werden, nicht jene Opfer, die bei Bank- oder Geldtransportüberfällen zu beklagen sind. Die Zahlen sind jedoch Beleg dafür, daß trotz steigender Gewaltbereitschaft der letzte Schritt nicht öfter gegangen wird als früher.

Mörder und Totschläger wird es immer geben, weil Menschen immer Menschen sind und durch Mitmenschen und Lebensumstände zu Tätern werden oder in eine Sackgasse geraten, aus der sie keinen Ausweg mehr finden. Jedes Tötungsdelikt hat seine eigene Geschichte, wie die hier beschriebenen Berliner Fälle aus jüngster Vergangenheit zeigen.

Die Ereignisse sind authentisch, die Namen und einige Handlungsorte wurden aus Gründen des Persönlichkeitsschutzes umbenannt. Dort, wo die Prozesse Erkenntnislücken hinterließen, hat der Autor sie mit eigenen Gedanken zum Verfahrensverlauf aufgefüllt, ohne grundsätzliche Änderungen am Geschehen vorzunehmen.

Tod in der Wuhle

Wäre alles »normal« gelaufen, so könnten sich für die kleine, zierliche Giesela Albert mit dem Bubikopf und dem kindlichen Gesicht die Gefängnistore in der zweiten Jahreshälfte 1997 wieder öffnen. Sieben Jahre Gefängnis lautete das zweite Urteil für die Tötung ihres Babys am 21. April 1992. Sie hatte den drei Monate alten Adalbert aus dem Kinderwagen in den schmalen Fluß Wuhle fallen lassen, wo er ertrank. Am 26. April 1992 war der Säugling tot aus dem Wasser geborgen worden.

Da zwei Drittel der Strafe bereits abgebüßt wären, könnte sie bei guter, »normaler« Führung wieder freikommen.

Doch Giesela Albert hat sich nicht gut geführt.

Sie ist im Frühjahr 1996 als sogenannte Freigängerin aus der Haft im Berliner Frauengefängnis am Friedrich-Olbricht-Damm entwichen und seitdem nicht wieder aufgetaucht.

Am 1. April 1995 hatte sie nach fast drei Jahren Gefängnis eine Lehre als Friseuse aufgenommen. Jeden Tag fuhr sie mit der U-Bahn vom Gefängnis zur Arbeitsstelle; niemand ahnte, daß sie ihre Flucht vorbereitete. An jenem 1. April 1996 kehrte sie nicht mehr zurück und hinterließ auch keine Spuren.

Nun wird sie – sollte sie gefaßt werden – ihre Strafe voll absitzen müssen.

So merkwürdig es klingen mag: Die Flucht könnte aus Angst vor der Freiheit geschehen sein. Als Untergetauchte muß sie sich keinen Fragen stellen. Sie muß nur dafür sorgen, nicht erkannt zu werden. Sie kann ihre Identität vertauschen, in einer anderen Haut irgendwo auf der Welt ihrer Enttarnung entrinnen. Da sie es haßt, sich anderen zu offenbaren, sich als verurteilte Mörderin demütig zu präsentieren, sucht sie Schutz vor mitfühlenden oder ablehnenden Blicken.

Wäre sie nach verbüßter Haft entlassen worden, hätte sie antworten müssen – den Bewährungshelfern, den Ämtern, den Kollegen, den Nachbarn, den Freunden. Hätte immer wieder Reue bekunden müssen. Sie hätte wieder in das Leben zurückkehren müssen, das sie so sehr verabscheute und hinter sich lassen wollte. Noch schlimmer aber, sie hätte sich immer und immer wieder mit ihrer Tat auseinandersetzen müssen. Die Flucht aus dem Gefängnis ist die Flucht vor der eigenen Biographie, vor dem eigenen unbewältigten Lebens. Nur so glaubt sie, mit der schrecklichen Tat fertig zu werden, sieht die Chance eines neuen Anfangs. Alle Brücken zur Vergangenheit abzubrechen erscheint ihr als einziger Ausweg – wenn sie die Kraft aufbringt, ein solches Leben auf der Flucht durchzustehen.

Der Fall der Bürokraft Giesela Albert hatte im April 1992 ganz Berlin bewegt.

Was geht in einer Mutter vor, die ihr eigenes Kind dem Tod preisgibt?

In dem zweimal aufgerollten Verfahren offenbarte sich eine ebenso einfache wie komplizierte Persönlichkeit, deren Lebensweg von typischen Erfahrungen alleinstehender Frauen geprägt war – ein täglicher Kampf zwischen zermürbender Alltagspflicht und der Suche nach dem kleinen Stückchen Glück, das doch auch ihr zustehen muß.

Giesela Albert, am 10. September 1970 im Berliner Osten geboren, hatte eine Kindheit, die keinen Chronisten zum Schreiben animieren würde. Der Vater war Kraftfahrer, die Mutter Sachbearbeiterin, sie hat einen zwei Jahre älteren Bruder.

Nach ihren Aussagen vor Gericht wurde sie im 13. Lebensjahr durch drei Männer vergewaltigt. Ob die Vergewaltigung tatsächlich stattfand oder eine Schutzbehauptung der jungen Frau ist, läßt sie schwer nachvollziehen. Sie hatte es damals für sich behalten und war auch nicht mit der Mutter, der sie offensichtlich vertraute, zur Polizei gegangen. Die Richter schenkten der Vergewaltigung wenig Beachtung. Vorher war sie ein fröhliches Kind, danach verschlossen, lautete ein lapidarer Satz in der zweiten Urteilsbegründung. Doch sollte sie als Mädchen mißbraucht worden sein, so hat dies ihr weiteres Leben zweifellos nachhaltig geprägt, auch wenn sie selbst es verdrängt hat. Wie tief die Spuren sind, konnte das Gericht nicht herausfinden. Auch ein Selbstmordversuch soll sich ereignet haben. Der Prozeßverlauf brachte keine näheren Aufschlüsse darüber.

Pferdezüchterin oder Grafikerin wollte sie werden, doch dazu reichten die Leistungen nicht. Eine der vielen Lebensenttäuschungen, die sich im Unterbewußtsein festsetzten. Nach der 10. Klasse erlernte sie den Beruf einer »Facharbeiterin für Schreibtechnik« und ging auch brav, doch ohne rechte Freude zur Arbeit. Einen ungeliebten Beruf wenigstens zu akzeptieren, dauert Jahre. Giesela Albert hatte die Zeit nicht. Sie wollte leben, jetzt und heute.

Dann kam das Ende der DDR. Betriebe zerbröckelten, sie wurde nicht mehr gebraucht, fühlte sich als Strandgut der kapitalistischen Neuzeit.

Doch nichts deutete zu diesem Zeitpunkt darauf hin, daß sie in trauriger Weise ihr Leben ruinieren würde. Sie war hübsch, hatte langes, lockiges Haar. Doch wie so oft standen der Wunsch, das Leben in vollen Zügen zu genießen, und die Möglichkeiten in einem unüberbrückbaren Gegensatz zueinander, gab sie sich Illusionen von einer glanzvollen Zukunft hin. Sich wie die meisten anderen mit ihrem bescheidenem Leben abzufinden, das Beste daraus machen, das sollte ihr Weg nicht sein. Giesela Albert wollte den Teufelskreis aus Genügsamkeit und Verantwortungsbewußtsein sprengen. Wie, das wußte sie nicht.

Ob die Geburt ihres ersten Sohnes Siegfried am 21. Dezember 1989 der tiefe Einschnitt, die Wende ihres Lebens bedeutete? Die Öffnung der Mauer fiel für sie zusammen mit der Zeit der Pflicht, Mutter zu sein. Der Vater des Kindes verschwand schon während der Schwangerschaft, und sie hatte mit neunzehn Jahren plötzlich das Gefühl, alles im Leben verkehrt gemacht zu haben. Die Chance des freien, ungezwungenen Lebens war ein für allemal vertan. Nur im Computer-Spiel hat der Mensch mehrere Leben, kann sie nach Belieben umschichten und neue einsetzen. Die Unzufriedenheit nagte an ihr, zerfraß ihre Seele.

Ein neuer Partner war schnell gefunden. Martin Egelberg, zweiundzwanzig Jahre, Automechaniker. Doch das erhoffte Glück blieb aus. Er mußte jobben, sie war wieder mit ihrem Kind und mit ihren Alltagssorgen allein. Der Glanz einer anderen Welt, der täglich über den Bildschirm in die Stube flimmerte, ließ sie nicht zur Ruhe kommen. Warum die anderen, warum gehöre ich nicht dazu?

Ihre Wünsche und Sorgen vertraute sie ihrem Tagebuch an. Und da stand dieser folgenschwere Satz: »Der schlimmste Tag meines Lebens.« Das war jener Tag, als sie erfuhr, daß sie im sechsten Monat schwanger war. Wollte sie es nicht früher wissen, oder hatte die Natur ihr einen Streich gespielt? Ein zweites Kind, das wurde ihr mehr und mehr bewußt, würde ihr Leben endgültig in eine Mutterlaufbahn zwängen. Das wollte sie nicht, sie war ja selbst noch ein Kind in ihrem Denken und Fühlen. Für einen Schwangerschaftsabbruch war es zu spät. Das entsetzliche Alleinsein machte sie mürbe, und sie war unfähig, auf andere zuzugehen und mit ihnen über ihre Probleme offen zu reden. Giesela Albert war allein, obwohl sie immer Menschen um sich hatte, die ihr hätten helfen können: die Mutter, die Freundin. Aber sie brachte ihre Konflikte nicht zur Sprache, und sie scheute jede Anstrengung, sie zu allein lösen.

Sie klammerte sich an die Vorstellung, daß ihr Leben noch eine glückliche Wendung nehmen könnte, wenn ihr Freund und Vater ihres ungeborenen Kindes sie – wie Giesela es wünschte – heiraten würde. Dann wären sie eine »richtige« Familie gewesen. So aber lebte sie mit der Angst, eines Tage mit zwei Kindern allein zu bleiben, ohne Arbeit, ohne Geld. Doch der Partner hatte nicht die Absicht zu heiraten. Er wollte sich die Hintertür offenhalten. Giesela war tief verletzt und reagierte zunehmend verbittert.

Außerdem war da noch ein Schuldenberg von 12 000 Mark, von dem sie nicht wußte, wie sie ihn abbauen sollte. Auch dieses Problem behielt sie für sich. Der tägliche Kleinkrieg um wenige Mark machte ihr das Leben zur Hölle. Ihr Partner war weder bereit noch fähig, wahrzunehmen, in welcher tiefen Krise sich Giesela befand. Kam er nach Hause, setzte er sich vor den Fernseher und trank sein Bier. Hatte Giesela Albrecht die rosigsten Zukunftsträume, hatte er gar keine, brauchte sie auch nicht, denn er war zufrieden mit der Situation, was nicht bedeutete, daß ihm eine andere nicht auch behagt hätte. Das Gespräch mit Giesela suchte er nicht.

Martin Egelberg hingegen beschrieb Giesela Albert als schwer zugänglichen Menschen, der seine Gefühle vor ihm verbarg. Was sie bewegte, wovor sie Angst hatte, wie sehr sie unter dem Zustand litt – all das sei ihm verborgen geblieben.

»Ich habe Liebe zu Giesela entwickelt«, erklärte er später.

Mit der Geburt des zweiten Sohnes Adi engte sich der Lebensspielraum der Giesela Albert weiter ein. Weniger Zeit für Freunde, weniger Zeit für Unternehmungen und erholsame Stunden. Besuche wurden seltener. Ihr wurde schmerzlich bewußt, daß sie dem Alltag aus Pflichterfüllung und materieller Notlage nicht entrinnen konnte.

Immer wieder vertraute sie ihrem Tagebuch an, daß sie ihr Leben ändern wolle. Doch wie? Reifte da unbewußt der unfaßbare Befreiungsschlag?

Der 21. April 1992 begann als normaler Tag. Nichts deutete auf ein Verbrechen in den Abendstunden hin. Giesela Albert fütterte den Säugling wie gewohnt, wechselte Windeln, nahm den Jungen auf den Arm. Das war nicht die Handlung einer eiskalten Frau, die sich eines lästigen Anhangs entledigen wollte. Auf ihre Weise liebte sie das Baby. Der Tag schien wie jeder andere zu werden – schrecklich leer und hoffnungslos für sie.

Mit ihren beiden Jungen besuchte sie in den Nachmittagsstunden die Mutter ihres Freundes im Stadtzentrum. Martin war nicht da, das ärgerte sie maßlos. Es war schließlich die Familie des Mannes, von der sie zwar akzeptiert wurde, in der sie aber noch nicht heimisch geworden war. Und so stieg sie in den Abendstunden verärgert und verbittert in die Straßenbahn der Linie 18 nach Marzahn und hoffte, er werde sie wenigstens an der Endhaltestelle abholen. Die Kinder nervten entsetzlich. Es war eine lange Fahrt zum Stadtrand, jede Minute schien zur Ewigkeit zu werden. Und so kroch von Meter zu Meter das Gefühl ihrer ganzen erbärmlichen Lage in ihr hoch. Der Lebensgefährte war nicht an der Endhaltestelle. Die Wut wurde zu einem unkontrollierbaren Vulkan.

Im Urteil hieß es später, sie habe gegen 20 Uhr, während der Fahrt, den Entschluß gefaßt, Adi zu töten.

Doch hat sie tatsächlich den Entschluß gefaßt, oder handelte sie besinnungslos?

Kein Urteil kann die dramatischen Minuten exakt aufklären, auch wenn die Richter jeden Augenblick der Tat nachzuvollziehen versuchten.

Giesela Albert war mit den völlig übermüdeten, gereizten Kindern und ihren nicht mehr zu bändigenden Gefühlen der Enttäuschung und Verzweiflung allein. So allein, daß sie mehr unbewußt handelte, als einem festen Entschluß folgend. Statt ihre dreihundert Meter entfernte Wohnung anzusteuern, zog sie mit dem Kinderwagen gegen 21.30 Uhr von der Endhaltestelle Wuhletalstraße in Richtung des Gewässers. Sie rauchte zur Beruhigung noch eine Zigarette.

Dann geschah das Unvorstellbare.

Der Tag danach.

»Liebe Entführer, bringt uns unseren Adi zurück. Bitte schnell und gesund. Ihr seid doch auch nur Menschen. Wir können nur hoffen, daß ihr Mitleid habt und euch meldet.«

Mit diesem erschütternden Aufruf wandten sich Giesela Albert und ihr Freund Martin Egelberg an die Öffentlichkeit. Ganz Berlin nahm Anteil an dem Entführungsdrama.

Giesela Albert hatte sich noch am Tatabend eine Geschichte ausgedacht, die genau in die Zeit des Anschwellens rechtsradikaler Gewalttaten paßte. Sie wußte, sagte sie später, daß diese Geschichte ankommt.

Danach waren an der Ecke Wuhletalstraße/Schwarzburger Straße drei kahlgeschorene Skinheads über sie hergefallen. Die mit Lederjacken und Kapuzen-T-Shirts bekleideten Männer sollen von einem hellen Lieferwagen »Iveco« mit dem amtlichen Kennzeichen HO-NO 1805 gesprungen sein und ihr den Kinderwagen entrissen haben. Sie hätten ihn auf das Auto gestoßen und wären dann in der Dunkelheit verschwunden. An eine große Beule am linken Seitenteil des Fahrzeugs könne sie sich noch erinnern. Es klang ein wenig emotionslos, doch irgendwie überzeugend. Im Fernsehen sah man eine Giesela Albert, die stockend sprach und den Tränen nahe war.

Doch das Kennzeichen existierte nicht. Entweder war es gefälscht oder ausgedacht. Ein Lieferwagen des Typs »Iveco« wurde zwar mehrfach in der Gegend gesehen, doch er gehörte dem Bruder der Albert. Immer wieder richteten sie und ihr Lebenspartner flehende Worte an die Entführer. Alles Geld, rund 3000 Mark, wollten sie zusammenkratzen, um ihren kleinen Adi wiederzubekommen. Ein Funktelefon hätten sie eigens für die Entführer geschaltet. In einer Großaktion suchte die Polizei das Gelände ab, in der Umgebung wurden Flugblätter verteilt, die Bevölkerung zur Mitwirkung aufgerufen.

Doch bei der 8. Mordkommission, die die Ermittlungen übernommen hatte, mehrten sich die Zweifel. Warum ist die Mutter nach der Tat nicht zur Polizei gerannt? Warum sprach sie erst mit ihrem Freund, der dann die Polizei alarmierte? Gab es für den Gewaltakt keine Augenzeugen? Die Kindesentführung auf offener Straße zu diesem Zeitpunkt konnte doch nicht unbemerkt bleiben? Welches Motiv sollten die Täter haben? Geld war bei Giesela Albert nicht zu holen. Eine Verwechselung, ein Racheakt oder ein Eifersuchtsdrama? Für keine der drei Varianten gab es einen Beleg.

Auch bei den Bewohnern der Umgebung stieß die Entführungsgeschichte auf Mißtrauen. Das Gerücht, die Mutter hätte das Kind selbst verschwinden lassen, breitete sich aus. Als der Kinderwagen zwei Tage später rund 150 Meter von der angeblichen Überfallstelle gefunden wurde, ließen sich noch immer keine Schlüsse über den Tathergang und die möglichen Täter ziehen. Das Baby blieb verschwunden.

Eine neue Geschichte machte schnell die Runde. Danach soll eine kinderlose Frau die Entführung in Auftrag gegeben haben, um das Kind als eigenes aufzuziehen.

Die Medien überschlugen sich. Eine Tageszeitung meldete dramatische Kontakte zwischen Giesela Albert und den Entführern. Die Eltern beteten, wußte das Blatt seinen Lesern voller Rührung zu berichten.

Am 26. April wurde der kleine Adi tot aus der Wuhle geborgen. Er war ertrunken, wie die Obduktion ergab. Verletzungen wies er nicht auf. Zeugen, so meldete dieselbe Zeitung, hätten beobachtet, wie kahlköpfige Jugendliche ein kleines weißes Paket in den Fluß geworfen hätten. Der Kreis schien sich zu schließen, die Albert-Version sich zu bestätigen.

Doch mit dem Fund der Leiche wurden die Fragen nach den Umständen der Tat und den Motiven nicht gelöst. Immer mehr konzentrierte sich der Verdacht auf Giesela Albert. Er wurde erhärtet durch die Aussagen eines Zeugen, der sie an der Straßenbahnhaltestelle gesehen hatte. Wäre es zu einer Entführung gekommen, so hätte er die Tat beobachten müssen. Auch zwanzig weitere Hinweise bestätigten nicht die Geschichte der Entführung.

Unter dem Druck der Indizien brach die Kidnapping-Version zusammen. Sie selbst, so das erste Geständnis der Albert, sei mit den Kinderwagen zur Wuhle gerast. Es geschah, weil sie vor einem Mann geflüchtet sei, der sie beim Straßenbahn-Ausstieg belästigen wollte. Er sei angetrunken gewesen und hätte sie angefaßt. In ihrer rasenden Angst sei sie in der Dunkelheit gestolpert, das Baby sei aus dem Kinderwagen gekippt und schreiend die Böschung hinuntergestürzt. Sie sei daraufhin in Panik geraten und habe zusammen mit ihrem Sohn Siegfried, der ebenfalls schrie, den Ort des Schreckens fluchtartig verlassen. Unterwegs habe sie sich die Geschichte mit den Skinheads ausgedacht.

Doch auch diese Version klang wenig glaubhaft.

Warum flüchtete sie nicht in Richtung schützendes Häusermeer? Warum suchte sie nicht die Nähe anderer Menschen? Warum schließlich kümmerte sie sich nicht um das fallende Baby?

Die Wuhle ist ein flaches Gewässer. Wäre die Mutter nachgestiegen, das Kind hätte gerettet werden können. Warum unterließ sie diese den natürlichsten Instinkten entsprechende Rettungstat?

In dem Maße, wie sich den Kriminalisten eine zerrissene und unreife Persönlichkeit erschloß, reifte der Verdacht, daß es Giesela Albert selbst war, die im Zustand höchster Erregung den Kinderwagen umkippte. Unter der Last der Indizien legte sie schließlich ein Geständnis ab. Sie habe ihr Leben gründlich ändern wollen. »Ich habe ihn in meiner Verzweiflung absichtlich in den Fluß gestoßen und wußte, daß er dort stirbt«, erklärte sie der Polizei.

Am 27. Oktober 1992 begann vor der 23. Großen Strafkammer des Landgerichts Berlin unter Richter Theophil Saiters der Prozeß gegen Giesela Albert.

Als die Anklage verlesen wurde, saß die inzwischen kurzgeschorene Frau unbeweglich auf der Anklagebank, die Blicke auf den Boden gerichtet.

Vor Gericht widerrief sie das Geständnis und sprach von »völliger Verwirrung«, die zu dieser Aussage geführt habe. Die Polizei habe sie unter Druck gesetzt und das Geständnis erpreßt. Nur zögernd begann sie zu sprechen und erneuerte die Unfall-Version. Immer wieder erklärte sie, daß sie nicht genau wisse, was an jenem Tatabend geschehen war. Alles sei möglich, sie hätte wie in einem

Dämmerzustand gehandelt, sie sei nicht sie selbst gewesen. Später, als sie die Geschichte von den Entführern erzählte, habe sie immer wieder gehofft, daß Adi wie durch ein Wunder zurückkehren werde.

Doch welcher Version sollte das Gericht Glauben schenken? Lüge und Wahrheit lagen in ihren Worten stets eng beieinander. Eine Wunschwelt und das wahre Leben gingen nahtlos ineinander über. Sie selbst konnte nicht mit Bestimmtheit sagen, was richtig und was falsch war.

Später, als ihr einstiger Freund vor Gericht erscheint, wird es aus der sonst so gefaßt wirkenden Giesela Albert herausbrechen. Viel zur Erhellung ihrer Persönlichkeit konnte er nicht beitragen. Aus seinen Worten war keine Spur der einstigen Gemeinsamkeit herauszuhören. Hier begegneten sich zwei Menschen, die einander völlig fremd geworden waren. Der Tod des Kindes hatte die kümmerlichen Reste einer Beziehung, die keine war, restlos zerstört. Doch beim Anblick und den Worten des Mannes brach sie zusammen.

Am 23. November 1992 verurteilte das Gericht Giesela Albert zu einer Freiheitsstrafe von zehn Jahren. Die Staatsanwaltschaft hatte dreizehn Jahre gefordert, weil sie eine kaltblütig geplante und ausgeführte Tat gesehen haben wollte. Nach Auffassung der Staatsanwältin war es eine vorsätzliche Tötung, um den Vater des Kindes zu strafen, der sie so allein gelassen hatte. Der Tod des Kindes war »bewußt und gewollt«. Die von »egozentrischen Motiven« getragene Tat sei einem Mord nahe gekommen. Die Verteidigung ersuchte um ein milderes Urteil, weil sie die volle Schuldfähigkeit ihrer Mandantin in Zweifel zog.

»Es tut mir sehr leid« – das waren die letzten Worte der Täterin.

Das Gericht erkannte auf Totschlag bei voller Verantwortlichkeit. In nur zwanzig Minuten sei der Tatentschluß gereift, wurde der Tod des Babys besiegelt, erklärte das Gericht in der Begründung des Urteils. Ein Mord aus »niederen Beweggründen« sei es nicht gewesen. Das wäre der Fall, hätte sie sich des Kindes aus Bequemlichkeit entledigt. Jedoch sei sie für die Tat voll verantwortlich. Argumente des Gutachters und der Verteidigung, Giesela Albert sei zur Tatzeit infolge ihrer hochgradigen Erregung nur bedingt schuldfähig, wiesen die Richter zurück. Selten sei ein Täter, der einen anderen Menschen totschlage, nicht hochgradig erregt bei seiner Tat. Als Milderungsgründe wurden die unterentwickelte Persönlichkeitsstruktur und das Geständnis bei der Kripo angerechnet.

Der Bundesgerichthof hob dieses Urteil auf Revisionsantrag der Verteidigung jedoch auf und verwies den Fall zur erneuten Verhandlung an eine andere Kammer des Landgerichts Berlin. Nicht beanstandet wurde der Schuldspruch der ersten Kammer. Doch seien dort nicht alle Tatumstände gebührend gewürdigt worden.

Nun mußte die 27. Große Strafkammer über das Strafmaß entscheiden. Das neue Urteil lautete am 26. August 1993 sieben Jahre. Das psychiatrische Gutachten wurde in dem zweiten Verfahren weit höher bewertet und die erheblich verminderte Schuldfähigkeit der Giesela Albert am Tatabend anerkannt. Auch wurden ihre Jugend und ihre Unreife stärker berücksichtigt. Der Vorsitzende Richter Heinzdieter Bertram konstatierte ein mil-deres Urteil an der »untersten Schmerzgrenze«.

Nach vier Jahren Haft hat die Frau, die ihr Baby tötete, selbst über die Höhe ihrer Strafe entschie-den.

Der Dämon

Am 28. August 1996 wurde in Berlin-Moabit über die 35jährige Hella Stenzel, zur Tatzeit 34 Jahre alt, das Urteil gesprochen. Die 29. Große Strafkammer erkannte auf Körperverletzung mit Todesfolge, sprach die Frau aber gleichzeitig schuldunfähig. Sie sei in »paranoid-psychotische Raserei mit Kontrollverlust« geraten, deshalb könne sie für die Tat nicht verantwortlich gemacht werden. Die Kammer entschied auf Einweisung in eine geschlossene Psychiatrie. Nach erfolgter Teraphie solle geprüft werden, inwieweit von Hella Stenzel Gefahren für die Mitmenschen ausgehen.

Gestraft ist sie ohnehin genug, denn sie hat im Wahn in der Nacht zum 20. Dezember 1995 ihre alles geliebte Tochter Juliane, zur Tatzeit fünf Jahre und sieben Monate, getötet, um sie vor dem »Dämon« zu retten.

Dabei schien sich das Leben der Familie Stenzel bis zu diesem Zeitpunkt in glücklichen und normalen Bahnen zu bewegen. Nichts deutete 1991 darauf hin, daß der Kauf eines Einfamilienhauses im Berliner Ortsteil Johannistal in eine Familientragödie münden würde.

Sie hatten sich zum Kauf entschlossen, weil sie

dem Druck der Mietpreistreiberei entrinnen und den Kindern ein glückliches Zuhause bieten wollten. Die Vorteile eines eigenen Heimes schienen nach den Worten der Makler und Vermögensberater, die sie in Massen belagerten, auf der Hand zu liegen. Bis zu einer Million Mark würden sie in den nächsten Jahrzehnten für Miete ausgeben müssen, und sie selbst hätten keinen eigenen Besitz. Dieses Geld sollten sie lieber für den Kauf eines eigenen Hauses einsetzen, der Staat würde großzügig hinzuzahlen. Das überzeugte.

Bis 1990 arbeitete Hella Stenzel als selbständige Tischlerin. Sie hatte den Beruf nach dem Abitur ergriffen, weil eine handwerkliche Arbeit ihren Neigungen entsprach. Mit der Heirat von Michael Stenzel 1990 und der Geburt von Juliane gab sie ihren Beruf auf und wurde Hausfrau.

Die Stenzels siedelten aus Kreuzberg nach Ost-Berlin über, weil das Haus, das sie kaufen wollten, ihren Preismöglichkeiten entsprach – so glaubten sie zumindest. Es war keine Luxusvilla, ein Haus mit schlichter Fassade. In der Garage stand ein VW-Passat. Der kleine Garten war ordentlich gepflegt – äußerlich schien die Familie ihren Weg gemacht zu haben. Doch hinter der Fassade begann es schnell zu bröckeln. Die Anschaffungskosten und die notwendigen Umbauten stürzten Hella und Michael Stenzel in ein tiefes finanzielles Loch. Jede freie Minute brachten sie damit zu, an dem Gemäuer zu werkeln. Der Reparaturbedarf war weit größer, als ursprünglich vermutet. Doch für Handwerkerleistungen reichte das Geld nicht.

Michael Stenzel arbeitete als Techniker bei einem Berliner Fernsehsender. Schicht- und Sonntagsdienste gehörten bei ihm zum Alltag. Es blieb kaum eine freie Minute, die er mit der Familie verbringen konnte. Er war der einzige Geldbeschaffer bei den Stenzels und konnte sich deshalb keine Nachlässigkeiten im Betrieb leisten. Bei einem Verlust des Arbeitsplatzes wäre das Haus nicht zu halten gewesen. So übertrug sich die ganze Last der Hausarbeit und der notwendigen Reparaturen auf Hella, die inzwischen ihr zweites Kind Jennifer zur Welt gebracht hatte.

Als die schreckliche Tat geschah, war Jennifer gerade 15 Monate alt.

Nachdem die Stenzels das Haus bezogen hatten, stellte sich schnell heraus, daß sie sich total übernommen hatten. Weder die Zeit noch das Geld reichten, um das angestrebte harmonische Leben in den eigenen vier Wänden realisieren zu können. Der Lockruf von den ersparten Mieten erwies sich als Falle. Als Hausbesitzer mußten sie viel mehr Geld fürs Wohnen ausgeben als in ihrem Kreuzberger Miethaus. Erst in etwa fünfundzwanzig Jahren wären sie halbwegs aus dem Schneider gewesen, rechneten sich die Stenzels aus. Dann würden sie fast schon Rentner sein. Keine erhebende Perspektive, nur für das Rentnerdasein zu leben.

Streß und Unrast waren bei den Stenzels eingezogen, und sie entkamen dem nicht. Während der Mann durch seine Arbeit die privaten Probleme zumindest zeitweilig in den Hintergrund stellen konnte, war die Welt der Hella Stenzel nur noch von den Sorgen um Geld und Haus geprägt. Es gab kaum Momente der Entspannung, der Befreiung von den täglichen Sorgen. Hella Stenzel hatte neben ihren Kindern auch noch die 82jährige Großmutter zu versorgen. Alles zusammen überstieg ihre Kräfte. Unter diesem Druck brach sie innerlich zusammen.

Die Tragödie kündigte sich an, als in ihrer Nachbarschaft, etwa Mitte 1994, Frau Geraldine Schreck mit ihrem Lebenspartner und der gemeinsamen Tochter Elisabeth einzogen. Bald entwickelte sich zwischen den etwa gleichaltrigen Töchtern Juliane und Elisabeth eine feste Kinderfreundschaft. Die Mädchen spielten zusammen, besuchten sich gegenseitig und waren schnell ein Herz und eine Seele. Doch irgend etwas störte Hella Stenzel an dieser Freundschaft. Das Nachbarkind benahm sich in ihren Augen mitunter recht merkwürdig. Sie konnte nicht genau sagen, was es war, doch ging von den neuen Nachbarn, so meinte sie, etwas Unheimliches aus. Besucher gingen dort ein und aus, die ihr nicht ganz »geheuer« waren.

Immer mehr Zeit brachte Hella Stenzel damit zu, die Vorgänge bei den Nachbarn zu beobachten. Nicht nur am Tage, auch nachts zog es sie ans Fenster, konnte sie ihre Blicke vom Nachbarhaus nicht abwenden. Sie registrierte alle Details und deutete normale Lebensdinge als bedrohlich. Zwar gab es keinen Beweis, doch Hella Stenzel war bald fest davon überzeugt, daß die Familie Schreck einer Sekte oder einer spirituellen Vereinigung angehöre. Dort trieben Menschen ihr Unwesen, die anderen

Böses antun wollten. Faktisch von Stunde zu Stunde verhärtete sich ihr Verdacht.

Sie teilte nun täglich die gemachten Beobachtungen ihrem Manne mit. Bald war auch er überzeugt, daß es bei der Nachbarfamilie außerordentlich mysteriös zuging. Zwar sah er nicht die Gefahren, die seine Frau zu erkennen glaubte, doch der tägliche Streß hatte auch ihn für die Argumente von Hella zugänglich gemacht. Deshalb waren beide gegen die Freundschaft von Juliane zu dem Nachbarmädchen, reagierten bei zufälligen Begegnung mit Frau Schreck abweisend und mißtrauisch. Die Kinder ahnten nichts von den dunklen Wolken, die über ihrer Freundschaft hingen.

Hella Stenzel kam nicht mehr zur Ruhe. Immer wieder überlegte sie, wie sie die vermeintlichen Gefahren von ihrer Tochter abwenden könne. War Juliane bei den Nachbarn, fragte sie ihre Tochter oft stundenlang aus, durchsuchte die Kleidung nach Zeichen des Bösen. Jedes Detail wollte sie wissen. Die Frau glaubte, bei dem Mädchen auf Worte und Gedanken zu stoßen, die sie früher nie gehört hatte.

Zweifellos war Juliane verunsichert über das befremdliche Verhalten der Mutter und reagierte ihrerseits – mehr unbewußt – anders als sonst. Vorstellbar auch, daß sie der Mutter geheimnisvolle Geschichten erzählte, um ihrem ständigen Drängen und ihren suggestiven Fragen zu entgehen. War das Kind nicht zu Hause, fahndete Hella im Kinderzimmer nach Zeichen des Bösen.

Von Tag zu Tag steigerte sich Hella Stenzel mehr in den Wahn, bei den Nachbarn ginge der Teufel ein und aus. Sie suchte nach Wegen, ihre Familie vor dem drohenden Unglück zu bewahren.

Die Zeit der Weihnachtseinkäufe, da das Einkaufstreiben einsetzte und Pakete ins Haus getragen wurden, wertete sie als Beleg dafür, daß bei den Nachbarn das Böse angesammelt werde. Sie konnte keinen vernünftigen Gedanken mehr fassen.

Ein Vorfall, scheinbar am Rande, ließ das Unglück voll aufbrechen.

Juliane war bei den Nachbarn zum Kindergeburtstag. Als sie zurückkam, fehlte der Barbie-Puppe der Kopf. Für Hella Stenzel ein letztes, sicheres Zeichen, daß sich ihre Tochter in höchster Gefahr befand.

Außer sich vor Erregung stürzte sie zu den Nachbarn und stellte Frau Schreck zur Rede. Vorher hatte sie an ihre Kleidung ein Zeichen angeheftet, daß sie vor bösen Geistern schützen sollte. Frau Schreck war von dem überfallartigen Besuch vollkommen überrascht und wies alle Anschuldigungen zurück. Sie begriff nicht, was Frau Stenzel so erregt hatte und hoffte, ihre Nachbarin werde sich wieder beruhigen. Hella Stenzel registrierte, daß die Nachbarsfrau mit magischen Augen auf ihr Teufelsabwehrzeichen starrte, sie aber dank der Plakette in diesem Moment vor bösen Geistern geschützt war.

Hella Stenzel kehrte in ihre Wohnung zurück und verbot der Tochter jeglichen Kontakt zu den Nachbarn. Das Kind verstand nichts von den dramatischen Vorgängen, zog sich verängstigt in sein Kinderzimmer zurück.

Zu diesem Zeitpunkt wäre das Unheil möglicherweise noch abzuwenden gewesen, wäre der Frau Hilfe zuteil geworden. Doch da sie mit ihren wirren Gedanken allein war, ahnte niemand, wie ernst es um sie bestellt war.

Immer deutlicher und schneller prägten sich die Wahnvorstellungen bei Hella Stenzel aus, ihr Wesen hatte sich vollkommen verändert. Sie besorgte sich zahlreiche Bücher über Magie und Hexenkult, machte sich Notizen, entwarf Pläne, wie das Böse, das von den Nachbarn ausging, zu bekämpfen sei. Sie war fest davon überzeugt, daß über die kleine Juliane die schrecklichen Dämonen in ihr Haus gelangten. Ein einziger Gedanke beherrschte sie: Ich muß meine Tochter und die Familie vor dem Unheil retten.

Der 19. Dezember, der Tag der Katastrophe. Hella Stenzel konnte die ganze Nacht nicht schlafen. Sie hatte wieder viele Seiten über Satanskult gelesen und überlegte, wie sie ihrer Tochter helfen könne. Sie ging ihre Aufzeichnungen durch, unterstrich Sätze in den Dämonenbüchern. Gegen acht Uhr früh kam Michael Stenzel von der Nachtschicht. Er fürchtete sich vor der Begegnung mit seiner Frau, denn er ahnte, daß sie ihm wieder von schrecklichen Visionen und von Gefahren, die überall lauerten, erzählen würde. Er war müde, wollte nur schlafen. Doch kaum hatte er sich zu Bett gelegt, stürzte Hella ins Zimmer. Sie wisse nun genau, »was mit der Tochter geschehen« sei. Sie fuchtelte mit den Büchern herum und forderte ihren Mann auf, der Tochter zu helfen. Sie wisse inzwischen, was bei den Nachbarn vor sich gehe. Man habe Juliane mit den Farben Schwarz, Rot, Gold verhext. Anfangs unternahm er noch den zaghaften Versuch, seine Frau zu beschwichtigen und ihr die abstrusen Gedanken auszureden. Doch jedes Gegenwort steigerte ihre Reaktionen. Um sie zu beruhigen und um selbst Ruhe zu finden, willigte er schließlich ein, alle Gegenstände aus dem Sichtbereich des Mädchens zu entfernen, die diese Farben zeigten. Stunden brachten sie damit zu, das Haus umzuräumen, Sachen einzupacken. Michael war am Ende seiner Kräfte, er glaubte nicht an den Spuk, doch er war hilflos der Situation und den nicht zu bremsenden Kräften seiner Frau ausgeliefert.

In den Mittagsstunden telefonierte Hella Stenzel mehrmals hektisch, um Erkundigungen über die Bekämpfung der Gefahren einzuholen. Mit einem Anruf landete sie beim Sektenbeauftragten der evangelischen Kirche, Pfarrer Theodor Gondorf. Was er am Hörer vernahm, konnte er nicht so recht einordnen. Anrufe, in denen Bürger ihre Probleme mit Geistern und Sekten loswerden wollen, erhält er fast täglich. Wie ernst die Lage bei dieser Anruferin war, erkannte er am Telefon nicht. Er versuchte, sie zu beruhigen und gab ihr zu verstehen, daß ein Treffen an diesem Tag nicht möglich sei. Für den 8. Januar wollte er Zeit für sie reservieren.

»Wir brauchten jemanden, mit dem wir reden konnten, wir waren vollkommen isoliert«, erklärte Hella Stenzel vor Gericht ihren verzweifelten Versuch, eine Vertrauensperson in ihren Konflikt einzubeziehen. Welche Reaktion die Absage bei Hella Stenzel ausgelöst hat, ist nur schwer nachzuvollziehen. Auf sich allein gestellt, glaubte sie offensichtlich, jetzt handeln zu müssen.

Was in den Stunden bis Mitternacht genau geschah, ließ sich auch in der Gerichtsverhandlung nicht exakt zurückverfolgen.

Fest steht: Als sich Michael Stenzel gegen 22 Uhr für seine Nachtschicht fertigmachte, vernahm er im Erdgeschoß des Hauses verdächtige Geräusche. Als er ihnen nachging, sah er Juliane auf eine Matratze liegend, und Hella Stenzel kniete über ihr. Sie schüttelte das Mädchen und redete eindringlich auf Juliane ein. Sie solle aufhören, ihre kleine Schwester Jennifer zu quälen. »Laß Jennifer in Ruhe, sie hat dir nichts Böses getan«, rief sie immer wieder. Als Michael Stenzel eilig herantrat, glaubte er, seine Frau wolle dem Kind einen Gegenstand aus dem Hals entfernen. Wie gelähmt starrte auf Mutter und Kind und begriff nicht, was da vor sich ging. Hella Stenzel redete immer wieder auf das Mädchen ein: »Ich will dir helfen.« Und ihrem Mann rief sie zu: »Alles wird gut, habe Vertrauen zu mir. Ich werde Juliane heute nacht retten.« Dabei hielt sie das Mädchen fest umklammert.

Als Michael Stenzel den Ernst der Lage bemerkte, war es bereits zu spät. Die Frau hatte anfangs nur einen Finger in den Hals gesteckt und immer wieder von dem Kind gefordert, »Justus« herauszulassen. Justus ist der Name des Lebenspartners der Nachbarin. Juliane röchelte, versuchte vergeblich, sich zu wehren. Die Mutter kniete mit ihrem ganzen Gewicht auf ihr, so daß sie keine Chance hatte, zu entrinnen. Als der Mann seine Erstarrung überwand und die Tochter aus den Armen ihrer Mutter befreien wollte, stieß sie ihn zur Seite und drückte die Hand tief in den Rachen des Mädchens. Juliane erstickte durch die Verlegung der Atemwege.

Mit letzter Kraft stieß Michael Stenzel seine Frau zur Seite und hob seine Tochter auf. Er rannte mit dem Kind nach oben, mußte aber zu seinem Entsetzen feststellen, daß es nicht mehr atmete. Gegen 0.16 Uhr traf der Hilferuf von Michael Stenzel beim Notruf der Feuerwehr ein. Die Wiederbelebungsversuche des sofort eintreffenden Ärzteteams blieben ohne Erfolg.

In den Prozeßtagen spielten sich erschütternde Szenen im Gerichtssaal ab. Selbst professionellen Beobachtern traten Tränen in die Augen, vor allem, als Michael Stenzel, völlig aufgelöst, eine Schilderung des Geschehens gab. »Wenn es einen Gott gibt, warum hat er nicht eingegriffen, um das unschuldige Mädchen zu retten«, fragte eine Zuhörerin in einer Prozeßpause in den Raum.

Und immer wieder wurde nach Antwort auf die Frage gesucht: Wie kann ein völlig gesunder Mensch innerhalb einer so kurzen Frist von einem derartigen Wahn befallen werden, daß er jede Kontrolle über sich und seine Handlungen verliert?

Doktor Klaus Krombacher von der psychiatrischen Klinik in Berlin-Buch erläuterte im Verfahren, daß zwanzig bis dreißig Prozent der Menschen unter bestimmten Voraussetzungen zu extremen Handlungen neigen. Bei etwa einem Prozent kommt es zum Ausbruch aggressiver, gegen die eigene oder andere Personen gerichteter Handlungen. Hella Stenzel, so scheint es, gehörte zu diesem einen Prozent und mußte bei ungünstigen Lebensumständen in eine Katastrophe steuern. Auch eine Selbsttötung wäre in dieser Zeit durchaus möglich gewesen. »Jeder Mensch ist psychosefähig, es ist alles nur eine Frage der Belastung«. Bei Hella Stenzel erkannte niemand den Ernst der Lage und hielt dagegen; sie war mit ihren Problemen allein, die Belastung war schließlich so groß, daß sie in diese Tat mündete.

Wie lange Hella Stenzel in der geschlossenen Anstalt in Buch bleiben muß, hängt maßgeblich von der Heilungsprognose ab. Sie sei eine intelligente, kooperative Patientin, hatte Krombacher vor Gericht erklärt. Sie könne ihre psychische Stabilität zurückgewinnen, wenn sie möglichst schnell wieder in die Normalität des Lebens mit Beruf und Familie zurückkehrt. Eindringlich hatte sie das Gericht gebeten, daß sie ihrer zweiten Tochter bald wieder eine richtige Mutter sein dürfe. Davor schreckte das Gericht jedoch zurück. Immerhin hatte Krombacher erklärt, eine erneute psychische Katastrophe sei bei der Frau nicht auszuschließen. Er hatte sich aber, entgegen der Auffassung des Gerichts, für eine Bewährungsstrafe und eine freiwillige Therapie ausgesprochen.

Ob Hella Stenzel – sollte sie irgendwann einmal als geheilt nach Hause gehen – mit dem lastenden Wissen um ihre Tat in ein normales Alltagsleben zurückfinden wird?

Verhängnisvolle Kaffeetropfen

Am 25. Januar 1996, gegen 10.25 Uhr, starb in einem Seniorenwohnheim in Marzahn die 93jährige Erna Flandrich. Ihr Gesundheitszustand hatte sich in den zurückliegenden Tagen rapide verschlechtert. Ein Krebsgeschwür zerstörte ihren Magen, sie war hochgradig diabeteskrank, litt an akuter Gefäßverkalkung, eine schwere Lungenentzündung kam hinzu.

Seit Tagen konnte sie keine Nahrung mehr zu sich nehmen, alle lebenserhaltenden Medikamente waren 36 Stunden zuvor abgesetzt worden. Die Nachtschwester der Station 6, Schwester Marlies Paul, hatte an jenem 25. Januar, es war ein Donnerstag, noch einmal vergeblich versucht, ihr etwas Trinkbares zu verabreichen.

Bei der morgendlichen Visite gegen 9.30 Uhr durch die betreuende Ärztin Doktor Kerstin Naacke und den leitenden Stationspfleger Paul Frank kamen beide zu der Überzeugung, daß die Stunden der alten Frau gezählt sein würden. Das bevorstehende Wochenende würde sie mit Sicherheit nicht mehr erleben. In dieser Situation sprach sich die Ärztin dafür aus, keine Getränke mehr zu verabreichen, sondern nur die sogenannte Mundpflege vorzunehmen. Dabei wird die Mundhöhle des Patienten mit einem mit Glyzerin getränkten Tupfer angefeuchtet.

Wenige Minuten nach Abschluß der Visite meldete Schwester Marianne Heymann, die mit dem Pfleger den Morgendienst aufgenommen hatte, daß Erna Flandrich gestorben sei.

Doktor Naacke besah sich die Tote, fühlte den Puls, forschte nach Atmung, kontrollierte die Pupillen und konstatierte das Ableben. Eine Stunde später stellte sie den Leichenschauschein aus. Eine übliche Zeitpause, um sicherzugehen, daß der Patient wirklich gestorben sei.

Sieben Tage danach nahmen die Ereignisse im Altersheim ihren unvorhergesehenen Verlauf.

Die 41jährige Umschülerin und Praktikantin Rita Steinbrenner, die an jenem Tage ebenfalls auf der Station anwesend war, will Schreckliches beobachtet haben. Aus nachvollziehbarer Angst vor Anfeindungen in dem Pflegerkollektiv hatte sie sich zunächst ihrer Umschulungsbetreuerin außerhalb des Heimes anvertraut, die dann Alarm schlug.

Frau Steinbrenner will an jenem Morgen beobachtet haben, wie Schwester Marianne der Sterbenden mit einer Schnabeltasse größere Mengen Milchkaffee in den Mund geschüttet hat. Die alte Frau habe gegurgelt und geröchelt. In diesen Minuten soll Schwester Marianne folgende Sätze gesagt haben: »Es ist besser, wenn sie jetzt stirbt, jetzt ist ein Arzt im Haus. Am Wochenende bin ich allein, dann kommt wieder die Kripo.« Dann soll Schwester Marianne ihrem Ärger darüber Ausdruck gegeben haben, daß die Kopflehne der Seniorin hochgestellt war. Dadurch könne der Kreislauf wieder angeregt werden und die Frau würde viel langsamer sterben. Die angehende Pflegerin habe es nicht mehr ausgehalten und sei hinausgestürzt, denn es war die erste Sterbende, die sie in ihrem Leben gesehen hatte.

Schließlich soll Schwester Marianne noch in der Mittagspause im Beisein der anderen wie im Scherz gesagt haben: »Ich habe sie umgebracht.«

Die Leiche der Erna Flandrich wurde exhumiert, in der Kühlhalle eines Krematoriums aufbewahrt und am 14. Februar von einem Kriminalisten in Augenschein genommen. Er stellte keine äußerlichen Anzeichen eines unnatürlichen Todes fest.

Am 19. Februar untersuchten Gerichtsmediziner die tote Frau Flandrich. Sie fanden Kaffeereste in der Lunge, die den Erstickungstod der Patientin verursacht hatten.

Auf die Aussage der angehenden Krankenpflegerin Steinbrenner gestützt, wurde Mordanklage erhoben und am 15. März Schwester Marianne in Untersuchungshaft genommen.

Die alleinstehende Mutter mußte ihren kranken Sohn bei ihrem Lebenspartner zurücklassen. Wie einen Alptraum erlebte sie die Wochen und Monate bis zum Prozeß. Sie, eine Mörderin? Sie konnte es nicht fassen, daß diese wenigen Minuten sie zur Kriminellen gemacht haben sollten.

Am 23. Oktober 1996 begann vor der 29. Großen Strafkammer des Landgerichts Berlin das Verfahren.

Marianne Heymann saß bleich und zitternd hinter dem Holzverschlag, sie schien einer Ohnmacht nahe. Die kleine, zierliche Frau mit langen brünetten Haaren, zu einem Zopf geflochten, kämpfte immer wieder mit den Tränen.

Die Anklage war kurz und knapp: Aus niederen Beweggründen soll sie die Greisin am 25. Januar getötet haben, indem sie ihr den Mund mit Kaffee füllte, obwohl sie wissen mußte, daß die Frau nicht mehr in der Lage war zu trinken, und die schließlich daran erstickte.

Stockend und immer wieder von Tränen unterbrochen schilderte Schwester Marianne ihren Lebensweg und die Ereignisse des 25. Januar. Seit zwanzig Jahren arbeitete sie als Krankenschwester. Zuerst in einer Frauenklinik, seit zehn Jahren in dem Altenpflegeheim. Der Wechsel nach Marzahn wurde nach der Geburt ihres Sohnes notwendig, da sie eine Arbeitsstelle brauchte, die sich in der Nähe ihrer Wohnung befand. Die Umstellung zur Altenpflege sei ihr am Anfang recht schwer gefallen, gesteht sie freimütig. Es sei nicht jedermanns Sache, alte, gebrechliche Menschen zu pflegen, zu waschen, zu windeln, zu füttern und zu wissen, daß dieses Heim für die Greise die letzte Lebensstation sein wird. Nicht selten sind alte Leute wunderlich und störrisch. Ihnen jeden Tag mit der gleichen Fürsorge und Zuwendung zu begegnen, dazu seien gewaltige Kräfte notwendig. Aus ihren Worten war deutlich ihre ständige Angst herauszuhören, daß ein alter Heimbewohner während ihrer Dienstzeit sterben würde. Nicht wenige Schwestern fürchteten sich davor, andere nahmen es als natürlichen Lauf der Dinge. Bei Schwester Marianne hatte sich ein Ereignis im Kopf festgesetzt. Eine Seniorin war an einer Embolie verstorben, und die Polizei hatte die Untersuchungen übernommen. Etwas sollte beim Tod der alten Frau nicht gestimmt haben. Die Polizei, so empfand es Schwester Marianne, hatte ihre Kollegin wie eine Mörderin behandelt. Da war etwas Bedrohliches mit dem Tod verbunden. Nein, sie wollte nicht mit der Polizei in Berührung kommen, nichts mit der Mordkommission zu tun haben.

Frau Flandrich lebte seit neun Jahren in dem Heim. Sie war keine auffällige Bewohnerin – eine alte Frau, die ihren Lebensabend friedlich in dem Heim verbrachte und vom Personal den üblichen Pflege- und Versorgungsaufwand erfuhr. Da sie in den letzten Jahren zu den ältesten Insassen gehörte, hatte sie mehr Zuwendung benötigt als die jüngeren unter den Alten.

26 Patienten waren auf der Station zu betreuen, für das unterbesetzte Personal eine harte und anstrengende Arbeit mit vielfachen Verpflichtungen und Aufgaben, die kaum Zeit für einen individuellen Umgang mit den alten und gebrechlichen Heimbewohnern ließ. Fürsorge kostet Geld, und wenn die Kassen leer sind, muß der Beistand zurückstehen.

Am 25. Januar suchte Schwester Marianne zuerst

gegen 7.30 Uhr die Totkranke auf und wollte ihr ein Getränk verabreichen. Vergeblich.

Gemeinsam mit der Praktikantin Rita Steinbrenner ging sie nach der Frühstückspause noch einmal zu der Greisin. Sie wußte, wie es um die Frau bestellt war, kannte aber nicht das Resultat der Visite.

Als die Frauen das Zimmer betraten, waren beide betroffen. Es koste immer Überwindung, einer Sterbenden gegenüberzutreten. Sie wuschen die alte Dame, zogen sie wieder an, machten das Bett. Dabei stöhnte die 93jährige. Vor Schmerzen, meinte Schwester Marianne. Man cremte ihr die Hände ein und wusch den Mund. Die Handrücken waren blau angelaufen, Vorboten des nahenden Todes.

Zu diesem Zeitpunkt sollen die schicksalsschweren Worte gefallen sein: »Es wäre besser, wenn die Frau jetzt sterben würde.« Dunkel konnte sich Schwester Marianne daran erinnern, dieses gesagt zu haben. Aber: Wer hat diesen Satz nicht schon einmal gedacht, wenn es um einen alten, pflegebedürftigen Menschen geht, der sein Leben gelebt hat und nur noch auf den Tod wartet?

Schwester Marianne hatte noch Regungen bei der alten Frau wahrgenommen. Sie stellte die Kopfstütze hoch und wollte ihr ein wenig zu trinken geben. Sie gab ihr drei kleine Schluck mit der Schnabeltasse. Da sie bemerkte, daß die Patientin nicht schluckte, legte sie den Kopf leicht zur Seite und tupfte die ausgetretene Flüssigkeit ab. Als aus einem Männerzimmer Rufe kamen, ging sie hinüber.

Nach zehn, fünfzehn Minuten sah sie noch einmal nach der alten Frau und stellte fest, daß sie inzwischen gestorben war.

Danach habe sie sofort die Stationsärztin informiert.

Von Gurgeln und Luftmangel habe sie nichts bemerkt, erklärte sie vor Gericht, nur, daß die alte Frau einen trockenen Mund hatte. Was die Praktikantin alles gehört haben wollte, wies sie unter Tränen zurück. So etwas würde sie nie sagen. Sie blieb dabei, es war nur eine geringe Flüssigkeitsmenge. Hätte sie eine vollgefüllte Schnabeltasse verabreicht, hätte ja das ganze Bettzeug vollaufen müssen. Weder Kissen, Laken noch Decke wiesen aber beim späteren Abräumen Kaffeespuren auf. Im übrigen war sie es, die die Kopflehne hochgestellt habe, damit die Patientin beim Trinken nicht in Gefahr gerate.

Dann wurde Rita Steinbrenner in den Zeugenstand gerufen.

Sie sei mit allen im Heim gut ausgekommen, auch mit der Angeklagten. Persönliche Feindschaften würden nicht bestehen. Sie hätte keinen Grund, irgend jemandem etwas anzuhängen. Doch was an dem Tage geschah, habe sie nur schwer verkraftet. Sie bestätigte die Aussagen der Voruntersuchung. Sie habe nicht verstehen können, warum Schwester Marianne der Greisin Getränke einflößte, obwohl die nicht mehr trinken konnte. Auch wäre das Bett nicht mehr hochgestellt gewesen. Frau Flandrich habe flach gelegen und schwer geatmet. In dieser Lage durfte man keine Getränke verabreichen. Sie habe gesehen, wie der Mund voller Kaffee war, der dann herauslief. Die alte Frau habe geröchelt. Die Zeugin habe ein Gurgelgeräusch vernommen. Dann sei sie hinausgelaufen, weil sie das Drama nicht mehr ertragen konnte. Es war die Stationshilfe Elisa, die noch einmal nachgeschaut und den Tod der Frau Flandrich festgestellt habe.

Als sie Tage später ihrer Köpenicker Betreuerin von dem Vorfall erzählte, war diese entsetzt: Das sei, als würde man der Sterbenden ein Kissen ins Gesicht drücken, niemand habe das Recht, Gott zu spielen. Sie ergriff die Initiative und informierte das Heim.

Wie würde sie Schwester Marianne einschätzen, wurde sie gefragt.

Streng, aber korrekt, die Antwort. Sie verspüre zwar keine besondere Sympathie für sie, doch könne sie nichts Nachteiliges sagen. Außerdem habe sie nur ein, zweimal mit ihr zusammengearbeitet, da sei es schwer, einen Menschen zu beurteilen.

Beinahe nebenbei erfährt der Prozeßbeobachter, daß Rita Steinbrenner erst zwei Monate nach dem Vorfall von der Polizei vernommen wurde. Waren da nicht die Ereignisse soweit verklärt, daß eine exakte Aussage zum Geschehen überhaupt nicht mehr möglich war? Zumal sich die Zeugin in den Minuten vor dem Tod der alten Frau in höchster Erregung befand. Kann es da nicht passieren, eine Bemerkung falsch zu deuten? So die Befürchtungen des Verteidigers, Rechtsanwalt Michael Stadler, der die Zeugin mit allem gebotenen Ernst darauf aufmerksam machte, wie folgenschwer ihre Worte sein konnten. Könne beispielsweise in der Formulierung »es wäre gut, wenn sie jetzt stirbt« nicht auch Entsetzen liegen, daß die Leiden der alten Frau durch falsche Behandlung möglicherweise verlängert würden?

Warum sie nicht eingeschritten sei oder sofort geredet habe, wollte auch der Richter wissen.

Sie habe sich davor gefürchtet, Spießruten laufen zu müssen. Schließlich wäre Schwester Marianne eine erfahrene Praktikerin. Wie hätten die anderen reagiert, wenn eine unerfahrene Umschülerin dahergekommen wäre, um den alten Hasen zu sagen, was richtig und was verkehrt sei. Nein, sie habe geschwiegen, bis sie es nicht mehr aushielt.

Auch die Reinigungsfrau der Station, Elisa Kurtmars, war an diesem Morgen bei der Sterbenden. Ihr sei nichts Ungewöhnliches aufgefallen. Daß Frau Steinbrenner sehr aufgeregt war, habe sie registriert. Sie hätte zu ihr gesagt, sie könne keine Sterbende sehen und sie gebeten, den Mund der Frau zu reinigen. Das aber hatte die Reinigungskraft abgelehnt, denn die Betreuung der Patienten lag nicht in ihrem Aufgabenbereich. Als Frau Flandrich bereits gestorben war, habe sie das Zimmer saubermachen müssen. Von verschmutzter Wäsche oder Kaffeeresten habe sie nichts feststellen können. Schwester Marianne, die sie durch den gemeinsamen Kindergartenbesuch ihrer Söhne etwas näher kannte, bezeichnete sie als fleißig und zuvorkommend zu den alten Leuten. Die Bemerkung »Ich habe sie umgebracht« hatte sie nicht gehört. Auch andere Zeugen, die an jenem Vormittag auf der Station waren, verneinten klar und deutlich, einen solchen Satz vernommen zu haben.

Warum aber sollte sich Frau Steinbrenner das ausgedacht haben?

Dann wurde die Umschulungsbetreuerin der Frau Steinbrenner befragt, eine erfahrene Krankenschwester.

Frau Steinbrenner gehöre zu den Langzeitarbeitslosen und komme aus der Sozialhilfe in die Umschulung. Sie nehme ihre neue Aufgabe sehr ernst. Sie berichtete von ihrer Begegnung mit Frau Steinbrenner vier Tage nach dem den Tod der Frau Flandrich. Rita Steinbrenner wäre völlig aufgelöst gewesen. Sie habe nicht verstehen können, warum die diensthabende Schwester der Sterbenden noch Getränke einflößen wollte.

Von entscheidender Bedeutung für das Verfahren waren die Aussage der Zeugin Steinbrenner und das Ergebnis der Obduktion, die Doktor Rastmann am 2. Verhandlungstag, am 28. Oktober, vortrug.

Er hatte die Tote am 19. Februar gerichtsmedizinisch untersucht.

In der Lunge der Toten befanden sich rund 100 Milliliter kaffeehaltige Flüssigkeit – eine absolut tödliche Dosis. Erna Flandrich war daran erstickt, das steht für den Gerichtsmediziner zweifelsfrei fest.

Ob es nicht sein könne, daß ein menschlicher Körper so kurz vor dem Ableben mit einer anderen Todesursache konfrontiert worden sei. Beispielsweise könnte doch der Versuch zu trinken ein Kraftakt gewesen sein, der die Patientin an Herzversagen sterben ließ, suchte die Verteidigung nach Erklärungen, die ihre Mandantin entlasten konnten. Hätte auch die Anstrengung des Widerstandes des Körpers gegen eine Getränkeaufnahme zum Tode führen können?

Im Prinzip sei das möglich, doch Doktor Rastmann erklärte als eindeutige Todesursache die Erstickung. Ausgeschlossen sei auch die Möglichkeit, daß die Kaffeemenge zu einem anderen Zeitpunkt, also in der Nacht oder am frühen Morgen in die Lunge gelangt sei, was die Frage nach einem anderen Täter aufgeworfen und ebenso eine Überprüfung erfordert hätte, ob möglicherweise unbefugte Personen im Krankenzimmer gewesen waren und der alten Frau heimlich Getränk eingeflößt hätten. Doch für derartige Vermutungen gab es keine Anhaltspunkte. Deshalb verneinte der Pathologe. Dann wäre die Frau schon früher verstorben, was bei der Visite bemerkt worden wäre. Beim Eintreten eines natürlichen Todes wiederum hätten keine Getränke mehr in die Lunge gelangen können.

In einem gesunden Körper kommt es zu Abwehrreaktionen, wenn Fremdstoffe über die Atmungswege in die Lunge dringen. Wenn einem Sterbenden durch Zuführung von Flüssigkeit die letzten Minuten erleichtert werden sollen, muß dies mit außerordentlicher Behutsamkeit und in geringen Mengen geschehen und bei Erfolglosigkeit sofort abgebrochen werden. Da sich hier der Körper nicht aufbäumte und die Schluckreaktionen unterblieben, hätte nur der Mund angefeuchtet werden dürfen. Wenn ein Patient keinerlei Regungen zeige, die auf eine Aufnahmebereitschaft deuten, müsse der Versuch unterbleiben, da die Gefahr der Erstickung akut sei. Mithin hätte in dieser Situation der alten Frau nichts mehr verabreicht werden dürfen. Einer so erfahrenen Krankenschwester wie Schwester Marianne hätte ein solch gravierender Fehler nicht unterlaufen dürfen.

Die Verteidigung fragte noch einmal, ob es nicht sein könne, da niemand genau wußte, wie nahe die Greisin dem Tode war, daß der Moment der Kaffeeaufnahme und der natürliche Tod zusammengefallen seien? Eine solche Konstellation des Zusammenfallens von natürlichem und gewaltsamen Tod wäre »ähnlich zufällig, wie der Tod eines Mannes, auf den eine tödliche Pistolenkugel zufliegt, der aber Sekundenbruchteile vorher vor Schreck stirbt«.

Doch auch diese Möglichkeit schloß der Gerichtsmediziner klar aus: Der Tod sei durch Ersticken eingetreten, die Atemwege waren durch die Flüssigkeit vollkommen zugedeckt. Innerhalb von 30 Sekunden dürfte Erna Flandrich in tiefe Bewußtlosigkeit gefallen sein, nach etwa fünf Minuten sei der Erstickungstod eingetreten.

Was nach dieser Aussage folgte, war für den Prozeßverlauf von untergeordneter Bedeutung. Die weiteren Zeugenbekundungen konnten nur bestätigen, was bereits am ersten und zweiten Verhandlungstag ausführlich erörtert worden war.

Die Aussagen von Schwestern und Kiminalisten zeichneten ein widersprüchliches Bild von der Persönlichkeit Schwester Mariannes. Sie habe stets ihre Pflicht erfüllt, sei nett und zuvorkommend zu Kollegen und Patienten, aber auch mitunter launisch, schrill und aufbrausend. Ihr fehlte manchmal das nötige Fingerspritzengefühl im Umgang mit den Patienten. Doch deshalb ist man noch lange keine Mörderin. Der Kriminalist machte zwei Fraktionen im Verhältnis zu Schwester Marianne aus. Die einen, die nicht mehr im Altenheim arbeiteten. Die redeten offener über die Situation und fanden auch kritische Worte über die Schwester. Die anderen, die noch dort tätig waren. Sie gaben im Wesentlichen konfliktfreie Darstellungen.

Die psychiatrische Gutachterin rundete mit ihrer Einschätzung das Persönlichkeitsbild ab: Schwester Marianne sei »intellektuell eher unterdurchschnittlich begabt«, »fleißig, ehrgeizig«, aber auch »impulsiv, wenig einfühlsam und sehr auf sich fixiert«. Die Arbeit auf der Pflegestation habe sie wahrscheinlich permanent überfordert. Sie selbst wollte sich das nie eingestehen. Sie war unzufrieden mit sich, mit ihrem Leben, mit ihrer Arbeit und fand keinen Weg, aus diesem Teufelskreis auszubrechen.

Hinzu kämen die extremen Belastungen des 25. Januar. Wenig Pflegepersonal und 26 Patienten, von denen jeder zweite pflegebedürftig sei. Da sei es durchaus möglich, daß Schwester Marianne dieser Situation nicht gewachsen war und sich der Sterbenden gegenüber nicht so verhielt, wie es deren Zustand erforderte. Als sie den Fehler bemerkte, sei es zu spät gewesen. So hätte sie nur noch den Tod als natürliches Ableben tarnen können.

Ein Problem schien die Einsamkeit der Schwester Marianne zu sein. Niemand im Gerichtssaal warf ihr einen mitfühlenden oder aufmunternden Blick zu, keiner stärkte ihr den Rücken. Auch ihre ehemaligen Kollegen wagten es nicht, ihr eine helfende Geste zu zeigen. Wollten sie nicht Solidarität mit einer Mörderin demonstrieren? Oder resultierte diese deutliche Distanz aus dem beunruhigendem Gedanken oder gar dem stillen Eingeständnis: Das hätte auch mir passieren können?

Schwester Marianne war allein in dieser feindlichen Welt, die ihr nun im Namen des Volkes den Prozeß machte.

Die Fakten des Falls lagen auf dem Tisch. Wie aber waren sie zu werten? War es Mord? Totschlag oder fahrlässige Tötung? Körperverletzung mit Todesfolge? Hatte Schwester Marianne aus Mitleid gehandelt, um die Leiden der Sterbenden abzukürzen, also verständliche, aber nicht erlaubte Sterbehilfe geleistet? Hatte sie einen Fehler gemacht, der tödliche Folgen nach sich zog? War es eine Panikreaktion? Hatte sie die Flüssigkeit in den Mund gefüllt und ihren Fehler erst erkannt, als es zu spät war? Oder hatte sie die Lebensuhr der Erna Flandrich unter höchster Nervenanspannung abgeschaltet, weil die Greisin nicht am Wochenende sterben sollte, an dem sie mit ihr allein gewesen wäre?

Es schien ja auch alles nach einem natürlichen Tod auszusehen.

Es war genau das Szenarium eingetreten, das Schwester Marianne so fürchtete. Die Kripo kam und stellte Fragen. Und sie wurde als Mörderin behandelt.

Am zweiten Verhandlungstag, am 29. Oktober, saß Schwester Marianne zusammengekrümmt, fast wie erstarrt und blickte ins Nichts. Was im Gerichtssaal geschah, schien sie gar nicht mehr wahrzunehmen. Kein verzweifelter Aufschrei, keine Gegenwehr gegen die schwerwiegenden Aussagen des Gerichtsmediziners. Hatte sie schon aufgegeben? Sie, eine Mörderin?

Rechtsanwalt Stadler versuchte mit dem gebotenen Nachdruck, einer Vorverurteilung seiner Mandantin zu begegnen.

Noch immer gilt ein Angeklagter als unschuldig, so lange er nicht rechtskräftig verurteilt ist. Und auch danach hat ein Täter das Recht auf Schutz seiner Persönlichkeit. Ob die Angeklagte zu ihrem Anwalt Vertrauen gefaßt, sie ihm ihre Seele offenbart hatte, war im Prozeßverlauf nicht erkennbar. Empfand sie auch ihn als Gegner, der nach dem Prozeß als freier Mann den Gerichtssaal verlassen würde, während sich hinter ihr vielleicht die Tore für Jahre schließen würden? Die widersprüchlichen Aussagen hatten deutlich gemacht, daß sie nicht die volle Wahrheit sagte. War auch der juristische Vertraute von ihrem Geheimnis ausgeschlossen?

Einige Zeitungen hatten die Krankenschwester nach dem ersten Verhandlungstag als eine eiskalte Mörderin abgestempelt, die die Patientin aus reiner Bequemlichkeit umgebracht hatte. Da wurde nicht mehr nach Schuld und Verantwortung gefragt, da wurden nur noch Emotionen gegen eine gewissenlose Krankenschwester geschürt.

Am dritten Verhandlungstag, am 30. Oktober, zogen Staatsanwaltschaft und die Verteidigung das Resümee der Beweisaufnahme.

Für den Ankläger waren die Beweise für eine Schuld erdrückend. Durch den Vortrag des Pathologen sei eindeutig festgestellt worden, daß Schwester Marianne nicht die Wahrheit gesagt hatte. Nicht wenige Tropfen, sondern 100 Milliliter habe sie verabreicht. Das Motiv für die Tat: Bequemlichkeit. Die Schwester habe bei einem möglichen Tod der alten Frau am Wochenende allein die notwendigen Formalitäten einleiten müssen. Dazu sei sie nicht bereit gewesen. Deshalb forderte er die für Mord vorgesehene Höchststrafe: lebenslänglich.

Sichtlich bewegt wies der Verteidiger in seinem Plädoyer noch einmal den Mordvorwurf zurück. Wo, so fragte er das Auditorium, liege das Motiv der Tat. Es wäre doch absurd, jemanden zu töten, von dem klar sei, daß er ohnehin in unmittelbar absehbarer Zeit sterben werde. Der Beweis eines Mordes sei nicht erbracht worden. Möglicherweise habe die Angeklagte durch die Belastungen des Tages die Patientin falsch beurteilt und so einen Fehler begangen. Das aber könne nicht als Mord gewertet werden. Rechtsanwalt Stadler forderte Freispruch für seine Mandantin. Sollte das Gericht zu einer anderen Entscheidung kommen und eine Schuld der Angeklagten erkennen, wäre eine Bewährungsstrafe wegen fahrlässiger Tötung angemessen.

4. November, der Tag des Urteils. Schwester Marianne saß, wie schon an den Gerichtstagen zuvor, zusammengekauert auf der Bank und schien das Geschehen nicht wahrzunehmen. Da haben Menschen über sie zu Gericht gesessen, deren Beruf es ist, zu verurteilen. Aber können die sich überhaupt in ihre Situation versetzen? Wer also will den Stab über sie brechen? Wer will an dieser Stelle sagen, was an jenem 25. Januar 1996 wirklich geschah? Selbst ein Freispruch würde doch den Makel einer gefühlskalten Person an ihr haften lassen.

Dann sprach die 29. Große Strafkammer des Landgerichts Berlin im Namen des Volkes das Urteil: Schwester Marianne wird zu fünf Jahren Haft wegen Totschlags verurteilt. Sie habe nach Überzeugung des Gerichts »verbotene aktive Sterbehilfe geleistet«, indem sie der 93jährigen Seniorin eine volle Tasse Kaffee eingeflößt hatte. Die Kammer bescheinigte der Krankenschwester bis zu jenem verhängnisvollen Tag untadeliges berufliches Verhalten, Engagement, Einsatzbereitschaft. Sie sei nicht, wie die Staatsanwaltschaft meinte, der Todesengel gewesen, der aus Bequemlichkeit gemordet habe. Gleichzeitig schloß das Gericht aus, daß die Angeklagte irrtümlich zu große Mengen Kaffee verabreicht haben könnte. Schwester Marianne wollte den Tod der alten Frau, sie habe somit vorsätzlich gehandelt, indem sie das Sterben abgekürzt habe. Der Patientin wurde damit die Möglichkeit genommen, eines natürlichen Todes zu sterben. Man gestand der Schwester zu, daß der Grund eine plötzliche Aufwallung, ein spontaner

Entschluß gewesen sei, möglicherweise aus Arbeitsüberlastung des Tages gefaßt.

Erst nach der Urteilsbegründung erwachte Schwester Marianne aus dem Trancezustand. Hilfesuchende Blicke gingen nach hinten zu den Zuhörerbänken, doch dort schien niemand zu sein, der ihr Trost hätte zusprechen wollen.

Noch am gleichen Tage öffneten sich für Marianne Heymann die Gefängnistore der Untersuchungshaft. Fluchtgefahr bestehe nicht, deshalb wurde der Haftbefehl mit sofortiger Wirkung aufgehoben.

In einiger Zeit – wenn Justitia einen freien Platz für sie hat – wird sie den Gang zum Gefängnis antreten müssen und für jene Minuten büßen, die ihr Leben zerstörten.

Rechtsanwalt Stadler legte gegen das Urteil Revision ein. Das Verfahren habe keinen Beleg dafür erbracht, daß seine Mandantin eine Totschlägerin sei. Sie habe in einer für sie dramatischen Situation wegen akuter Überlastung falsch reagiert. Das Strafmaß für dieses Fehlverhalten hätte aber keine Berechtigung.

Die Staatsanwaltschaft nahm zum Begehren der Verteidigung Stellung, äußerte sich jedoch nicht zum Inhalt des Vorgebrachten. Vermutlich wird sie auf ihrem Standpunkt der schweren Schuld von Schwester Marianne beharren.

Bis zum Sommer 1997 hatte die Bundesanwaltschaft noch keine Entscheidung gefällt.

Tod in der Wanne

Ein Krimiautor hätte sich diesen Dialog, der in den Abendstunden des 25. Mai 1996 so oder so ähnlich in einer Wohnung im Berliner Stadtteil Wittenau gesprochen wurde, nicht besser ausdenken können. Ein Versicherungsvertreter gab ihn am 4. April 1997 vor Gericht wieder.

Er: Solch eine hohe Versicherungssumme kommt nicht alle Tage vor. Da dürfte sich doch schnell ein Mörder finden, oder?

Sie (lachend): Wer weiß, wer weiß. Er sitzt vielleicht schon im Nebenzimmer und wetzt sein Messer.

Er (ebenfalls lachend): Der moderne Mörder läßt das Messer in der Schublade. Es sollte doch besser nach einem Unfall aussehen.

Sie: Haben Sie nicht eine originelle Idee?

Er: Da wüßte ich schon eine ganze Menge. Tod im brennenden Auto, das Bügeleisen in der Badewanne oder der haarfeine Nadelstich irgendwo auf der Kopfhaut. Ein Sturz vom Funkturm wäre auch nicht schlecht. Unter einem perfekten Verbrechen läuft bei mir nichts. Doch im Ernst. Werden Sie nicht mißtrauisch, wenn Sie eine so hohe Summe zugunsten eines anderen abschließen?

Sie: Nein, überhaupt nicht. Ich kenne meinen Freund schon sehr lange. Wir sind praktisch schon seit vielen Jahren wie verheiratet, haben gemeinsame Pläne für die Zukunft.

Er: Schön, wenn Sie Ihren Mörder schon lange kennen! Sie wären nicht die Erste, die aus Geldgier ermordet werden würde.

Die Frau greift zum Stift und unterzeichnet, ohne auch nur eine Sekunde zu zögern, die Versicherungspolice. Es war ja schließlich lange vorher mit dem Freund abgesprochen. Tage später unterzeichnete sie eine zweite, weil die eine Versicherung bei der hohen Summe nicht mitspielte und so zwei Policen bei unterschiedlichen Agenturen notwendig wurden, um auf den angestrebten Betrag zu kommen.

Drei Wochen nach ihrer Unterschrift unter die teuren Versicherungsscheine war die 27jährige Michaela Constanze Baretti tot. Einen Tag zuvor hatte sie stolz die erste Rate ihrer Sterbepapiere eingezahlt. Der Vertrag über insgesamt 751 240 Mark bei einem Unfall – im »normalen« Todesfall die Hälfte – war somit rechtswirksam geworden.

Sie wurde am 18. Juni 1996 in der Badewanne der Wohnung ihres langjährigen Freundes aufgefunden. Gerichtsmediziner stellten bei der Obduktion großflächige »Strommarken« an der rechten Schulter fest. Ursprünglich waren die Ärzte von einem Unfall ausgegangen. Doch in der Lunge befanden sich nur geringe Wassermengen. Der Körper wies keine weiteren Merkmale von Gewalteinwirkung auf, etwa Würgezeichen, die darauf schließen

ließen, daß sie unter Wasser gedrückt wurde, bis sie ertrunken sei. Sie mußte unmittelbar beim Untertauchen gestorben sein, oder sie war schon tot, bevor sie nach unten sank.

Ein Selbstmord schied nach Lage der Dinge völlig aus. Es gab weder einen Abschiedsbrief noch ein Motiv noch irgendein Indiz am Ort des Geschehens.

Wer aber hat den todbringenden Vorgang ausgelöst? Und wo war das elektrische Gerät?

Wäre es ein Unfall gewesen, so hätte das stromführende Teil irgendwo im Bad, exakter in der Badewanne, liegen müssen. Doch es fand sich weder im Badezimmer noch in der Wohnung ein Gerät, das den Todesschlag versetzt haben konnte. Die logische Schlußfolgerung: jemand mußte das Stromteil – Fön, Radio, Bügeleisen, Toaster – entfernt haben, um die Spuren zu verwischen. Wer den für das Geschehen entscheidenden Gegenstand aus der Wohnung entfernt hatte, war mit großer Wahrscheinlichkeit auch für den Tod der Michaela verantwortlich.

Es fehlten überhaupt weitere, in jeder normalen Wohnung zu findende Spuren wie etwa Fingerabdrücke an Türklinken. Ein Tatort ohne Spuren ist immer verdächtig. Eine alte Kriminalistenweisheit.

Wenn man nach dem Nutzen des Todes von Michaela Baretti fragte, kam zuallererst ihr langjähriger Freund, der 26jährige Pierre Poulsson, infrage. Er wäre mit einem Schlag alle Finanzsorgen los, die im letzten Lebensjahrzehnt sein ständiger Begleiter gewesen waren. So viele Zufälle – Unterzeichnung der Lebensversicherung, die ihren Freund begünstigt, die Einzahlung des ersten Beitrages und der Tod 24 Stunden später – kann es gar nicht geben. Deshalb stand für die Ermittler schon nach kurzer Zeit fest, es handelt sich um Mord, und der Mörder ist Pierre Poulsson.

Man diskutierte noch kurz die Möglichkeit, ob ein anderer Hand an Michaela Baretti gelegt haben könnte, der vielleicht Poulsson hinter Gitter bringen wollte, doch es gab keinen Beleg, daß eine außenstehende Person in dem tödlichen Spiel mitgemischt hätte.

Daß Michaelas Mutter, die Deutschitalienerin Daniele Baretti, hinter dem Anschlag stecken könnte, wurde von Anfang an ausgeschlossen. Zwar hatte sie gute Gründe, den Freund ihrer Tochter zu hassen, doch nicht um den Preis des Todes ihrer geliebten Tochter.

Schließlich gab es noch eine letzte Spekulation der Mordkommission: Eine noch unbekannte Person, möglicherweise eine enttäuschte Liebhaberin, wollte Michaela und Pierre auseinanderbringen, indem ein Mordversuch an Michaela den Mann als Tatverdächtigen erscheinen ließ. Doch die Geschichte endete tödlich für Michaela. Entsetzt über den Ausgang des Geschehens flüchtete der Täter aus der Wohnung, und nahm das verräterische elektrische Gerät mit.

Doch alles ergab keinen rechten Sinn, alle Nachforschungen der Fahnder endeten bei dem 26jährigen Mann, der Michaela in seiner Wohnung ein Bad angeboten hatte, obwohl sie gerade vom Besuch eines Hallenbades gekommen war. Als sie das Wasser einließ, habe er das Haus verlassen. Er war somit der letzte, der Michaela lebend gesehen hat. Das erklärte er bei einer polizeilichen Vernehmung. Später vor Gericht wiederholte er diese folgenschweren Sätze nicht mehr. Wenige Tage nach der Tat wurde Pierre Paulsson aus den Armen einer anderen Frau weg verhaftet und später unter Mordanklage gestellt.

Am 4. April 1997 begann der Prozeß gegen ihn. Aus niederen Beweggründen, so heißt es in der Anklageschrift, habe er langfristig den Plan gefaßt, die ungeliebte Michaela zu töten, nachdem er sie zum Abschluß einer hohen Lebensversicherung überredet habe. Dazu habe er gewartet, bis sie das Wasser eingelassen hatte und in die Wanne gestiegen sei. Dann habe er den metallenen Schlauch der Dusche scheinbar unabsichtlich ins Wasser gehängt. Schließlich habe er der ahnungslosen Frau ein elektrisches Gerät an die nasse Schulter gehalten und sie so getötet. Nach sorgfältiger Beseitigung alle Spuren habe er die Wohnung verlassen, um zu einer anderen Frau zu gehen, die ihm später das hieb- und stichfeste Alibi liefern sollte. Mit »Heimtücke« und »Habgier« charakterisierte der Staatsanwalt das Geschehen. Ein klassischer Mord also – ein uraltes Motiv in aktuellem Gewande.

Zu Beginn eines jeden Verfahrens erfolgt die obligatorische Prozedur: Die Personalien des Angeklagten werden vom Gericht erfragt, um sicherzugehen, daß auch wirklich der Richtige unter Anklage steht. Sollten nicht hier schon anwaltliche Taktiken mit Anträgen zum Verfahrensverlauf einsetzen, erfolgt in der Regel die Verlesung der Anklage durch die Staatsanwaltschaft. Wie in diesem Fall. Auch der folgende Schritt gehört zur Ouvertüre: Nachdem der Angeklagte die gegen ihn erhobenen Vorwürfe vernommen hat, steht es ihm frei, sich zur Anklage zu äußern oder zu schweigen. Das Gericht muß ihm die Tat zweifelsfrei nachweisen, nicht der Angeklagte dem Gericht seine Unschuld.

Pierre Poulsson erklärte zu Beginn, daß er sich nicht äußern werde. Das ist sein gutes Recht. Aber es gibt auch den alten Spruch, wer unschuldig ist, der hat nichts zu verbergen. Meist breitet sich bei den Zuhörern im Gerichtssaal schnell ein Gefühl aus, daß schweigende Angeklagte auch immer ein wenig schuldige Angeklagte sind. Doch erleben die Besucher von Prozessen auch oft genug, daß sich Beschuldigte um Kopf und Kragen reden, nur weil sie nicht in der Lage sind, sich in ihrer Wortwahl auf das Gericht einzustimmen oder ihre Aussage in angemessene Zusammenhänge zu stellen. Auch wenn bis zu einer rechtskräftigen Verurteilung – selbst bei scheinbar klaren Fällen – die Unschuldsvermutung gilt, kann eine Meinung über einen Angeklagten durch seine eigene Aussage zu seiner Verurteilung beitragen. Schweigen muß also nicht immer der falsche Weg sein. Hat Pierre seine Freundin Michaela getötet, aber die Beweise reichen nicht aus, so ist er freizusprechen. Freispruch aus Mangel an Beweisen und nicht Freispruch aus erwiesener Unschuld. In den Augen vieler wird der Freigesprochene mit dem Makel leben müssen, ein Mörder zu sein, dem die Tat nicht nachzuweisen ist. Oder er sonnt sich in dem stillen Ruhm, ein perfektes Verbrechen begangen zu haben? Welche Überlegungen Pierre Poulsson auch immer hatte, er entschloß sich zu schweigen.

Nun mußte sich das Gericht an Hand von Zeugen und der vorhandenen Indizien ein Urteil zum Geschehen jenes Abends bilden, Mosaikstein um Mosaikstein zusammentragen.

Still und ohne äußerliche Regung hörte sich Pierre die Anklage des Staatsanwalts an. Sauber gekleidet, graue Jacke, graue Weste, weißes Hemd, ein Oberlippenbärtchen und gepflegtes Haar. Pierre ist Kellner. Äußerlich entspricht er fast perfekt seinem auf Sauberkeit und Freundlichkeit bedachten Berufsstand. Er scheint ein vor Selbstbewußtsein strotzender Mann zu sein, der sich seiner wohlgeformten äußerlichen Erscheinung sehr wohl bewußt ist und, vielleicht von seinen beiden Rechtsanwälten unterstützt, einschätzen kann, daß es für das Gericht schwer werden würde, ihm die Tat nachzuweisen.

Fast ein Jahrzehnt kannten sich die beiden. Die große Liebe war es nie. Sie lernten im gleichen Hotel, es war kollegiale Freundschaft, die die beiden verband, und manchmal ein bißchen mehr. Michaela hatte wohl gehofft, daß sie irgendwie zueinander finden würden. Doch ihre Rechnung ging nicht auf. Pierre hatte viele Affären, heiratete, lebte mit einer anderen. Und er hatte eine Schwäche, die ihm schließlich zum Verhängnis werden sollte. Er liebte die Abende im Restaurant. Nicht in den kleinen Kneipen, sondern in stilvollen, eleganten Häusern. Da konnte er zeigen, daß er ein Mann von Welt war, spendabel und von den Gästen gefeiert. Sein erstes Auto war ein Opel Omega. Diesen setzte er schon gegen einen Baum, bevor er die zweite Leasing-Rate beglichen hatte. Als er seine Lehre als Hotelfachmann beendete, trug er bereits eine schwere Schuldenlast mit sich. Die Deckung der monatlichen Kosten überstiegen bei weitem die Einnahmen – 3500 Mark – aus seinem Beruf.

Doch irgendwie hatte Pierre das Talent, sich immer wieder durchzuschlagen. Er machte sich selbst etwas vor und glaubte, daß sich schon alles wieder einrenken werde. Doch das Wunder kam nicht, Pierre sank immer tiefer in den Schuldensumpf.

Nachweisbar kriminell ist er nie geworden. Aber es gab ein ganzes Heer von Gläubigern, die immer wieder vor seiner Tür standen. Verließen sie seine Wohnung, dann hatten sie ihr Geld nicht zurück, sondern waren um weitere Scheine erleichtert. Niemand konnte so recht sagen, wie er es immer wieder schaffte, seine Freunde von der Notwendigkeit einer milden Zuwendung zu überzeugen. Doch mit der Zeit wuchs ihm die Schuldenlast über den Kopf. Er wollte irgendwie raus, wollte ein normales Leben führen, ohne mit der täglichen Sorge aufzuwachen, zufällig einem Kreditgeber in die Arme zu laufen.

Doch er wollte auch nicht mühsam, über viele Jahre vielleicht, seine Schulden abstottern. Einer seiner Freunde hatte ihm vorgerechnet, daß er bei sparsamster Lebensführung 15 Jahre benötigen würde, um wieder »sauber« zu sein. Er versprach es – und hatte am folgenden Abend seine guten Vorsätze vergessen. Er ließ im »Ansbacher Stübl« in Schöneberg die Korken knallen, und alle lobten den edlen Spender.

Mit einem Schlag wollte er sich der roten Zahlen im Privatbudget erledigen. Doch wie?

Der Zufall brachte es zustande, daß sich Pierre und Michaela im Herbst 1995 in Berlin wieder trafen. Sie hatte sich einige Jahre durch westdeutsche Hotels gejobbt, er war als Steward bei einer bekannten deutschen Fluggesellschaft durch die Welt gereist. Manuela war beeindruckt von seinem Habitus, der eleganten Uniform, die so wunderbar zu ihrem Jugendfreund paßte. Fast schien es, als würde aus der alten Freundschaft eine junge Liebe erwachsen. Michaela und Pierre waren jede freie Minute, sofern er nicht über den Wolken segelte, zusammen. Pierre soll von Anfang an deutlich gemacht haben, daß es sich nur um Freundschaft handele und nicht mehr. Nur um Michaelas Mutter zu beglücken habe man Liebe vorgespielt. Aus Michaelas Briefen an Pierre, die von der Polizei gefunden wurden, ist allerdings anderes zu entnehmen. Da war von großer Liebe und Heirat die Rede. Von einem gemeinsamen Haus wurde gesprochen und der enormen Summe, die dafür herbeigeschafft werden müßte. Mit Hilfe einer hohen Lebensversicherung als Bürgschaft sollte dieser Betrag zu erhalten sein, soll er ihr immer wieder vor Augen gehalten haben.

Wurde ihr nicht klar, daß nur ihr Tod diesen Traum verwirklichen ließ, daß sie mit ihrer Unterschrift ihr eigenes Todesurteil besiegelt hatte? Kaum verständlich, doch Pierre hatte es offensichtlich geschafft, seiner vermeintlich Angebeteten die Vorzüge einer gigantischen Versicherungssumme plausibel zu machen. Gemeinsam fuhren sie auf Urlaub nach Mittelamerika. Unter tropischer Sonne dürfte er sie für das Versicherungsprojekt gewonnen haben.

Wann er die Tat begehen würde, stand zu dem Zeitpunkt vermutlich noch nicht fest. Aber mit jedem Schritt in Richtung künftiger Gemeinsamkeit festigte sich wohl der Plan, schnell in den Besitz des großen Geldes zu kommen.

Michaela wohnte nach ihrer Zeit in Westdeutschland wieder bei ihrer Mutter Daniele Baretti. Doch wie so oft im Zusammenleben von Mutter und erwachsener Tochter traten schnell Konflikte auf. Michaela fühlte sich von ihrer Mutter – manchmal mit italienischem Temperament – bevormundet. Sie behandelte sie noch immer wie ein kleines Mädchen. Und Daniele Baretti hatte starke Vorbehalte gegen ihren, wie sie meinte, künftigen Schwiegersohn. Ständig erzählte er abenteuerliche Geschichten, die immer mit der Bitte um Geld endeten. Als Daniele Baretti erfuhr, daß ihr Schwiegersohn in spe schon eine Ehe hinter sich hatte, exakter, von seiner Frau getrennt lebte, war ihr Urteil über ihn klar: Dieser Casanova hat sich nur an ihre Tochter herangemacht, um sie auszunehmen. »Dieser Mann ist ein aalglatter Mafiosi«, soll sie ihrer Tochter gegenüber immer wieder geäußert haben. Dennoch gab sie ihm beträchtliche Beträge für Auto und Wohnung, um sich die Zuneigung ihrer Tochter zu erhalten. Und – wie grotesk – Pierre hatte es sogar geschafft, sie als Bürgin jener Lebensversicherungen zu gewinnen, die ihrer Tochter den Tod brachten. Das ist ihr vor Gericht bewußt geworden, und sie brach bei ihren Aussagen immer wieder in Tränen aus.

Die Befragung der anderen Zeugen – Kriminalisten, Freunde der Toten, Versicherungsvertreter und Gutachter – sollten der Staatsanwaltschaft vor allem Klarheit darüber verschaffen, seit wann Pierre sich mit der Absicht trug, Michaela zu töten. Denn daß er kaltblütig den Mord plante, daran zweifelte kaum jemand im Gerichtssaal – außer der Verteidigerin und der Mutter von Pierre. Sie saß auf der Zuhörerbank und mußte miterleben, wie ihr innig geliebter Sohn als ein ganz anderer erschien, als sie ihn zu kennen meinte. Nach dem ersten Prozeßtag blieb sie dem Gerichtssaal fern. Sie konnte es nicht ertragen, daß ihr Sohn ein Mörder sein sollte.

Der Sachverständige Doktor Moravec versuchte, dem Gericht die Psyche eines hochverschuldeten Menschen zu erläutern. Die meisten Normalbürger hätten in der einen oder anderen Weise mit dem Problem von Schulden zu kämpfen. Kredite, Wohneigentum oder unerwartete Schicksalsschläge stürzten viele Menschen in finanzielle Nöte. Wir leben in einer Schuldengesellschaft, und der Staat mache täglich vor, wie ehrenwert der finanzielle Ruin sei. Dabei werde mit Milliardenbeträgen nur so um sich geworfen, daß es dem Bürger sehr schwerfalle, Anstand in Sachen Geld zu wahren. Der Staat sei ein denkbar schlechtes Beispiel für Zahlungsmoral. Die große Mehrheit der Bürger bemühe sich im Gegensatz dazu recht intensiv, auftretende Schuldenlasten wieder loszuwerden. Das Geld sei nun einmal jener Stoff, der in der modernen Gesellschaft über alle Lebensbereiche die Macht ausübe. Die besten Chancen, Defizite abzutragen, bestünden bei Familien, in denen sich die Ehepartner gegenseitig stützten. Alleinlebenden Personen fällt es oft schwerer, aus dem Teufelskreis auszusteigen. Wer erst einmal überschuldet ist, landet schnell im Abseits. Sperrung des Gehaltskontos, Besuche von Gerichtsvollziehern, Verbote, bestimmte Lokale aufzusuchen, Pfändungen sind Etappen auf dem Weg ins Abseits. Es gibt Menschen, die schaukeln sich in eine Scheinwelt hinein und hoffen, daß die Lösung irgendwie erfolgt. Daraus würden sie ein fast moralisches Recht ableiten, zur Lösung ihres Problems ein Verbrechen zu begehen. Ob der Angeklagte diesen Mord langfristig geplant habe, könne er nicht mit Bestimmtheit sagen. Doch die Lebensversicherungen seien nach seiner Überzeugung nur mit dem Ziel abgeschlossen worden, daß Michaela sterben müsse.

Die untersuchende Mordkommission hatte erst am dritten Tag nach dem Tod von Michaela den Fall übernommen, als ein Kollege der 1. Direktion von der »Leichenkommission« auf die Ungereimtheiten des Falles aufmerksam machten. »Die Sache stinkt«, hatte er gesagt. Ursprünglich war man von einem Unfall ausgegangen.

Doch auch ohne Geständnis des Angeklagten fügten sich die Fakten zusammen. Da gab es zwei Frauen, die gemeinsam mit Pierre die Tote gefunden hatten und mißtrauisch wurden. Da war das Überweisungsformular der ersten Rate für die Lebensversicherung, das nicht Michaela, sondern er ausgefüllt hatte. Widersprüche gab es auch bei der Bewertung eines Telefonats mit einem der Versicherungsvertreter. Während Pierre gesagt haben soll, der Versicherungsmann hätte ihn fast zur ersten Zahlung genötigt, erklärte dieser, Poulsson hätte große Eile für die erste Zahlung an den Tag gelegt. Das Konto von Michaela jedenfalls war leer gewesen, also hatte er die erste Rate bezahlt. Auch die Tatsache, daß es sich »nur« um eine »freundschaftliche Beziehung« handeln sollte, verstärkte den Verdacht der Kriminalisten. Wer so locker miteinander verkehrt, begibt sich normalerweise nicht in derartige finanzielle Verstrickungen.

Bei der Ausführung der Tat könnte eine Verlängerungsschnur eine entscheidende Rolle gespielt haben. Nach polizeilichen Angaben, hatte Pierre in der fraglichen Zeit eine defekte Waschmaschine ausprobieren wollen und dafür eine Verlängerungsschnur benutzt, weil das Kabel angeblich nicht reichte. Doch das Kabel der Waschmaschine reichte bis an die Steckdose neben dem Handwaschbecken, die er für den Test benutzte. Wozu also eine zusätzliche elektrische Leitung? Und warum wurde die Leitung hinter den Halter eines Zahnputzbechers geklemmt?

Der Eindruck, den Pierre Poúlsson bei dem vernehmenden Beamten der Kripo hinterlassen hatte, war keineswegs geeignet, seine Person in einem besseren Licht erscheinen zu lassen. Befragt beispielsweise, warum er das Einzahlungsformular bei der Post ausgefüllt habe und nicht Manuela, hatte er grinsend geantwortet: »Ich will nicht sagen, daß sie doof war.« Der Beamte hatte diese Bemerkung als höchst zynische Reaktion angesichts des Todes der Freundin empfunden.

War er der Täter, oder war er es nicht? Das Verfahren würde von Sachverständigen entschieden werden. Denn sollte die Verteidigung den Nachweis erbringen, daß Michaela durch eine falsche Bewegung an die defekte Waschmaschine gekommen sein könnte, hätte es also doch ein Unfall sein können. Dann dürfte Pierre nicht verurteilt werden. Obwohl alles gegen ihn spricht, kann ihm die Tat nicht nachgewiesen werden. Bleiben in der Beweisaufnahme Zweifel, so ist für den Angeklagten zu entscheiden. Doch für das Gericht blieben diese Zweifel im Ergebnis der Beweisaufnahme nicht.

Am 28. Juni 1997 sprach das Gericht das Gericht Pierre Poulsson des Mordes an seiner Freundin Michaela Baretti für schuldig und verhängte eine lebenslange Freiheitsstrafe. Trotz der fehlenden Tatwaffe sei es zweifelsfrei, daß Poulsson die Tat begangen habe, um in den Besitz der Versicherungssumme zu gelangen. Dabei sei er eiskalt vorgegangen und habe ein hohes Maß an krimineller Energie entwickelt, um sein Verbrechen in die Tat umzusetzen. Obwohl der Angeklagte noch nicht kriminell in Erscheinung getreten sei, könnten mildernde Umstände nicht eingesetzt werden. Ein umfassendes Geständnis hätte seine Lage zweifellos erleichtern können, doch um eine Verurteilung wegen Mordes wäre das Gericht nicht herumgekommen. Für Poulsson hat sich sein Schweigen somit weder bezahlt gemacht noch strafverschärfend ausgewirkt.

Als Poulsson das Urteil vernahm, zuckte er kurz zusammen, hatte sich aber sofort wieder in seiner Gewalt. Die Begründung nahm er mit der gleichen äußerlichen Gelassenheit hin, mit der er den Prozeßverlauf verfolgt hatte.

Der Richterspruch war zum Zeitpunkt dieser Veröffentlichung noch nicht rechtskräftig, da die Verteidigung in Berufung gegangen ist.

Die schonungslose Lebensbeichte

»Jeder ist des anderen Wolf, solange man ihn läßt.« Diesen schicksalsschweren Satz formulierte Friedhelm Klaus Frühling, Vorsitzender Richter der 36. Strafkammer des Berliner Landgerichts, als er im Namen des Volkes über den Serienmörder Theodor Klaus Fritz Roll zweimal lebenslänglich mit anschließender Sicherheitsverwahrung verhängte.

Roll hatte in seinen letzten Worten erklärt, ein Urteil im Namen des Volkes werde es nicht geben: »Das Volk will Rübe ab.« Er selbst nannte sich ein »Ungeheuer«. Man dürfe ihn nicht mehr entlassen, sonst könne er »für nichts garantieren«.

Damit ging am 5. März 1996 in Berlin einer der spektakulärsten Mordprozesse der deutschen Nachkriegsgeschichte zu Ende. Spektakulär deshalb, weil der Mörder, Totschläger und Vergewaltiger ein schonungsloses Geständnis ablegte und die Öffentlichkeit mit grauenhaften Einzelheiten seiner Mordtaten konfrontierte.

Eine schonungslose Lebensbeichte nannte es Rechtsanwältin Elisa Ople-Grawert, was ihr Mandant, der Anstreicher Theodor Roll, an Scheußlichkeiten erzählte. Er hatte nichts mehr zu verlieren und nichts mehr zu gewinnen – er konnte nur noch gestehen. Mildernde Umstände konnte es nicht geben, eine schärfere Strafe als lebenslänglich ebenfalls nicht. Und zweimal lebenslänglich wurden nur deshalb verhängt, weil zwischen der ersten und zweiten Mordserie eine durch Gefängnis erzwungene Pause lag.

Am 28. Februar 1995 wurde Roll letztmals verhaftet, und nach Lage der Dinge dürften sich für ihn nie wieder die Gittertore öffnen.

Es ist ein durch und durch trauriges Leben, daß der kräftige 110-Kilo-Hüne mit dem gutmütig wirkenden Teddy-Gesicht bis zu seiner letzten Verhaftung hinter sich gebracht hat. Das Schicksal scheint ihn für eine besonders schwarze Biographie ausgesucht zu haben , keinen Tiefpunkt hat er ausgelassen. Das Böse schien ihm in die Wiege gelegt worden sein. Welche Wendungen hätten ihn auf den Pfad der Menschlichkeit bringen können? Menschlichkeit hat er selbst viel zu selten erfahren.

Am 3. Januar 1961 kam Theo Roll als sechstes der sieben Kinder des Motorenschlossers Klaus Roll und der Hausfrau Elisabeth Roll in Berlin-Spandau zur Welt. Der alte Roll war das, was man schlicht als einen Säufer bezeichnet. Er schüttete in sich hinein, was ihm unter die Finger kam, und nahm die Welt hauptsächlich verschwommen war. Als Theo zwei Jahre alt war, hielt die Mutter es nicht mehr aus und verließ den Mann mit der Dauerfahne und die heranwachsenden Kinder. Sie wollte ausbrechen aus dem Teufelskreis von Armut und Suff.

Kurze Zeit später kam Hannelore Trabert in die Familie. Doch sie war nicht die Stiefmutter mit Herz, sie führte ein hartes Regiment. Als streng und unnachsichtig wurde sie von Theo vor Gericht beschrieben, als Frau, die den Kindern außer Schelte und Schlägen nichts zu bieten hatte, wo doch ein wenig Wärme gerade in dieser Situation vonnöten gewesen wäre. Die Abende bei den Rolls verliefen nach einem festen Ritual. Kam der Vater alkoholisiert nach Hause, berichtete die Stiefmutter in schlimmsten Tönen über die »Untaten« der Kinder. Dann hagelte es Schläge. Man sprach nicht miteinander, man brüllte sich an. Selbst die einfachsten Mitteilungen wurden schreiend ausgetauscht. Um so erstaunlicher, daß Theo ein ruhiger und schüchterner Junge zu werden schien. Eine Mischung aus Angst und Haß prägte das Verhältnis von Theo zum Vater, gegenüber der Stiefmutter entwickelte er Gleichgültigkeit und Ekel.

Weil er nicht die nötige Reife aufwies, wurde er 1968 – ein Jahr verspätet – eingeschult.

Die Familie litt unter akuter Finanznot. Geschenke für die Kinder, kleine Zeichen für Anerkennung und Lob, Überraschungen, die Spaß bringen, gab es genauso wenig wie gemeinsame Unternehmungen. Kaum war Theo ABC-Schütze, mußte er die Schule wechseln. Die Eltern konnten die Miete nicht mehr aufbringen und zogen ins Märkische Viertel, einer Region, die vernachlässigten Kindern vor allem eins zu bieten hat – ringsum Lauben und unbeobachtete Ecken: Die ersten Einbrüche waren nur eine Frage der Zeit.

Der Junge kam wegen ständiger Lernschwierigkeiten in eine Sonderschule. Ein Hobby hatte er nicht, zum Sport ein gestörtes Verhältnis. Seine Interessen richteten sich auf Geld, das immer in seiner Hosentasche fehlte. In seiner Freizeit arbeitete er auf einem Auto-Schrottplatz und verdiente sich die ersten Pfennige.

Am 16. Dezember 1975 – mit vierzehn Jahren – wurde Theo zum ersten Mal verurteilt. Er hatte eine spielende Gruppe Acht- bis Zehnjähriger provoziert, einen flüchtenden Jungen auf dem Fahrrad verfolgt und zu Fall gebracht, um dann Geld von ihm zu fordern. Ein Jugendrichter verurteilte Theo Roll wegen Körperverletzung in Tateinheit mit versuchter räuberischer Erpressung zu gemeinnütziger Arbeit. An diesen Vorfall konnte sich Roll nur insofern erinnern, als daß es ihm Freude bereitet hatte, wie der andere Junge in Tränen ausbrach. Er hatte eine Macht, ein Gefühl seiner Stärke gespürt. Es gab einen Bereich, in dem andere ihm nicht gewachsen waren. Er begriff früh, daß man ohne zu lernen und ohne größere Anstrengungen über anderen stehen konnte.

Der Vater verprügelte ihn wegen dieser Verurteilung immer wieder. Das bestärkte ihn in seinen Abwehrreaktionen, machte ihn immer trotziger. Wie man ihm nie Verständnis entgegenbrachte, so konnte auch er nie Einsicht und Verständnis entwickeln. Auf Kindheit und Jugend angesprochen, konnte Roll kein Ereignis nennen, das ihm positiv in Erinnerung geblieben wäre.

Als der Vater Frührentner wurde, siedelte die

Familie nach Niedersachsen über. Das Dorf fand Theo öde, fühlte sich hier niemals zu Hause.

Mit einem geklauten Moped rückte er wieder in Berlin ein und war von nun an auf sich gestellt.

Gab es noch Chancen für eine Wende im Leben des Heranwachsenden? Was hätte geschehen müssen, damit die Entwicklung zu einem der schlimmsten Schwerverbrecher der Nachkriegsgeschichte hätte verhindert werden können?

Ab 1976 ging es Schlag auf Schlag

Mit fünfzehn Jahren wurde die erste Geldstrafe wegen schweren Diebstahls verhängt. Ein Jahr später Diebstahl, Schußwaffenbesitz. Schon damals sahen die Richter den unheilvollen Weg des Thomas Roll voraus. Allein, wirkungsvolle Maßnahmen zur Resozialisierung wurden nicht ergriffen. 1980 ging er für drei Jahre ins Gefängnis, verurteilt wegen schweren Raubes. Von seiner Freilassung bis zur nächsten Verurteilung war es nur ein kurzer Weg. 1984 fünf Jahre Freiheitsentzug wegen zweifacher Vergewaltigung. Etwa fünfzehn Verurteilungen hat Roll inzwischen auf seinem Konto. Und es ist alles dabei, was ein gefährlicher Gewalttäter aufbieten kann: Raub, schwere Körperverletzung, Brandstiftung, bewaffneter Überfall, immer wieder Vergewaltigung und schließlich Mord.

Doch keine Strafe konnte diesen Mann bremsen, der faktisch jede freie Minute zu einem Verbrechen nutzte. Er war weder wählerisch bei der Suche nach Opfern, noch in den Mitteln der Gewalt. Er ging mit äußerster Brutalität vor. Schlagen, Treten, Würgen wurde zu einer »Arbeitsmarke« bei Roll.

Als er 1984 wegen zweifacher Vergewaltigung verurteilt wurde, ahnten die Ermittler nicht, daß er zu diesem Zeitpunkt bereits eine Mordserie hinter sich hatte. Durch seine Hand starben zwischen Oktober und Dezember 1983 vier Menschen.

Erstes Mordopfer war die 77jährige Martha Schüler, seine Vermieterin. Am 13. Oktober 1983 suchte er sie in ihrer Wohnung auf, um ihr zu beichten, daß es mit der Mietzahlung nicht funktionieren werde. Er wollte der »Alten kein Geld mehr in den Rachen stecken«, sagte er, sie ist »reich und wird bald den Löffel abgeben«. Wozu zahlen? Damit irgendwelche Erben kommen und sein schwerverdientes Geld kassieren. Diese »Ungerechtigkeit« brachte ihn mehr und mehr in Wut, als er an ihrer Tür klingelte. Wieso gibt es Menschen die Häuser haben, die sie selbst nicht gebaut haben. Wieso kann die Alte einfach kassieren? Als Frau Schüler die Tür öffnete und ihre Blicke auf den stämmigen Herrn fiel, ahnte sie, was jetzt kommen würde. Sie war fest entschlossen, nicht nachzugeben. Die alte Dame kannte sämtliche Ausreden und Vorwände, die ihre Mieter vorzubringen hatten. Alles hatte sie schon oft genug gehört, sie wollte ihr Geld. Deshalb ließ sich die Hausbesitzerin auf Diskussionen gar nicht erst ein. Aber das wurde ihr zum Verhängnis.

Blitzschnell schoß es durch sein Gehirn. Wenn er jetzt nicht zahlen würde, käme morgen die Polizei. Dann würde er auf der Straße sitzen. Er hatte es gründlich satt, sich immer nur demütigen zu lassen. Wenn er sie umbringen würde, dann hätte er für eine Weile Ruhe. Mit seinen Pranken griff er nach ihrer

Gurgel und drückte zu. Die überraschte Dame war zur Gegenwehr nicht fähig. Kein Schrei kam aus ihrem Mund. Er würgte so lange, bis sie kein Lebenszeichen mehr von sich gab. Als er losließ und die Vermieterin zu Boden sackte, wurde es ihm bewußt, daß er ohne große Erregung soeben einen Menschen umgebracht hatte. Die »Sache« war erledigt. Nachdem er sorgfältig alle Spuren beseitigt hatte, verließ er ohne Reuegefühle und mit rund 80 Mark geraubten Geldes – einzelne 5-Mark-Stücke, die in einem Wandschrank lagen – die Wohnung.

Zwar wurde er als Zeuge in der Mordangelegenheit vernommen, doch verurteilt wurde ein anderer. Ein geistig minder bemittelter Hausbewohner hatte ähnliche Probleme mit der Vermieterin. Massiv unter Druck gesetzt, legte dieser ein Geständnis ab. Acht Jahre Freiheitsentzug lautete das Urteil für ihn, von denen er sechs Jahre absaß.

Roll verschwand aus dem Blickfeld der Kripo. Die Akte wurde geschlossen. Daß Roll – zu dieser Zeit schon ein bei der Polizei stadtbekannter Schwerverbrecher – nicht weiter durchleuchtet wurde, ist nur mit Nachlässigkeiten bei der polizeilichen Ermittlungsarbeit und bürokratischen Hürden zu erklären. Mord ist Mord, dafür ist die Mordkommission zuständig. Vergewaltigung macht die Sitte. Die Akten liegen in unterschiedlichen Schränken. Nur im Fernsehen hat der hellsehende Kriminalkommissar sofort die Erleuchtung, daß das eine mit dem anderen zusammenhängen könnte.

Ein Jahr nach dem Geständnis von Roll wurde der damals verurteilte Mitmieter in einem zweiten

Verfahren freigesprochen, für die Haftzeit erhielt er eine Entschädigung. Zwar wollte die Staatsanwaltschaft das damalige Geständnis als »Mitschuld« an der Verurteilung werten, um so die Entschädigung zu sparen, das Gericht entschied sich für eine vollständige Rehabilitierung.

Wie Roll zumute war, als er den Mord beging, wollte der Richter in der Hauptverhandlung wissen.

Beim ersten Mal hatte ich noch ein komisches Gefühl in der Magengegend, und die Hände hätten gezittert, meinte er. Es war schließlich das erste Mal, meinte er fast entschuldigend. Dann sei der Druck von ihm gewichen, die letzte Hemmschwelle gefallen. Er wußte von nun an: Er würde es immer wieder tun.

Gut einen Monat später die zweite Mordtat. Gegen 2 Uhr verließ er eine Kneipe in der Silbersteinstraße. Auf dem Weg sah er am 23. November die 22jährige Studentin Sabine Martens. Sie kam von der Disco und eilte nach Hause. Das Mädchen, streng christlich erzogen, war aus einer Kleinstadt nach Berlin gezogen. Hier wollte sie das Leben packen. Doch die zufällige Begegnung mit einem zu allem entschlossenen Mörder setzte ihrer Zukunft ein jähes Ende.

Von hinten fiel Roll über die junge Frau her. Sie wehrte sich heftig und flehte ihn an, sie nicht zu vergewaltigen. Er würgte, trat und schlug sie auf den Kopf, bis sie das Bewußtsein verlor. Auch sie hatte keine Chance zur Gegenwehr. Als sie sich nicht mehr regte, schleppte er sie zu einem nahegelegenen Kinderspielplatz, riß ihr die Kleider vom Leibe und wollte sie vergewaltigen. Die Frau lebte noch. Doch für Theodor Roll war klar: Er wollte keinen Zeugen des Verbrechens. Der beste Zeuge ist der tote Zeuge. Ganz sachlich und ohne Panik nahm er diesen Satz in sich auf. Also mußte er sie töten. Roll überhäufte den Kopf mit Sand. Daran erstickte Sabine Martens. Wenige Minuten dauerte die Untat, dann verschwand er in der Dunkelheit. Kein Zeuge, keine Spuren, die zu ihm als Täter hätten führen können. Später wird er vor Gericht zu Protokoll geben, daß er schon ein wenig Mitleid mit dem Opfer hatte. Sie war so jung und hatte ihr Leben noch vor sich. Doch es gab kein Zurück.

Obwohl Roll wegen eines Mordes schon vernommen wurde, die zweite Bluttat in unmittelbarer Nähe seiner Wohnung geschah, er als gefährlicher Gewaltverbrecher bekannt war, sah die Mordkommission keinen Zusammenhang.

Wie im Rausch schritt er Tage später zur nächsten Tat. Die 85jährige Frederike Krüger überfiel er nur eine Woche später, am 1. Dezember, auf offener Straße und zerrte sie auf den Lagerplatz eines Bauunternehmens. Dort vergewaltigte er sie und raubte sie aus. Die alte Frau erholte sich nicht mehr von dem Schrecken und verstarb an den erlittenen Verletzungen und an Unterkühlung. Diese Tat wurde später vom Gericht als Raub mit Todesfolge eingestuft. Warum die alte Frau sein Opfer geworden war, wollte das Gericht wissen. Roll konnte sich nicht mehr erinnern.

Schließlich der letzte Mord vor seiner Verhaftung: Am Heiligabend überfiel er die 62jährige Jagwiga Gläser am Neuköllner Schiffahrtskanal. Nachdem er sie vergewaltigt hatte, drückte er ihren Kopf solange unter Wasser, bis sie ertrunken war.

Auch dieser Fall spielte sich im näheren Wohnumfeld von Roll ab. Doch bei allen Untaten gab es keine Spuren, die auf ihn weisen würden. Er verrichtete sein tödliches Werk mit präziser Gründlichkeit. Nur bei der ermordeten Hauseigentümerin gab es ja eine direkte Beziehung zwischen Täter und Opfer. Bei den anderen Verbrechen hat der Zufall die Opfer ausgesucht.

Immer wieder erklärte Roll – völlig ruhig und abgeklärt – dem fassungslosen Gericht: Er mußte seine Opfer töten, aus »Angst«, erkannt zu werden. Jedes Mitleid hätte ihn in Gefahr gebracht. Also mordete er. Auch nach dem vierten Mord tappte die Polizei im dunkeln.

Und dann tauchte Roll unter – im Gefängnis. Zwar rechnete er damit, daß ihm die Kripo noch im Gefängnis auf die Spur kommen würde, doch zu seinem Erstaunen regte sich nichts. Er verdrängte das Geschehen »draußen«. »Drinnen«, das sagten Gefängnisinsassen, war Roll ein unscheinbarer Mithäftling. Er hatte Kraft und wurde deshalb respektiert. Niemand wagte es, sich mit ihm anzulegen. Doch durch besondere Brutalitäten war er nie aufgefallen. Das Gefängnis war für ihn Lern- und Ausbildungsstätte. Er konnte sich soviel Fertigkeiten aneignen, daß er »draußen« als Anstreicher arbeiten konnte.

Doch genau wußte Roll nicht, warum er »im Knast« lernen und arbeiten sollte. Denn irgendwann einmal, das war ihm klar, würden sie ihn wegen seiner Morde schnappen. Als sich für ihn die Gefängnistore öffneten, wußte er, daß er wieder töten würde. Einmal Mörder immer Mörder.

Das fünfte Opfer war die 59jährige Hanne Kröber. Eigentlich wollte er zur Ruhe kommen, ein anderes Leben führen, wie es Jahre später auch tatsächlich geschehen ist.

Die Frau hatte das »Pech«, allein in einem Abrißhaus in Mitte zu wohnen. Mit seinem Fahrrad drehte Roll hin und wieder einige Runden, sah die Frau allein am Fenster des 3. Obergeschosses und beschloß, sie zu überfallen. Der genaue Überfalltag konnte nicht ermittelt werden. Als er vor ihrer Wohnungstür stand, war ihm klar, daß er die Frau töten würde.

Als er klingelte, wäre er fast wieder umgekehrt. Nicht, weil er Skrupel hatte oder Mitleid aufgekommen wäre. Er wußte ja, daß er eines Tages gefaßt werden würde, aber er wollte den Zeitpunkt der Verhaftung möglichst weit hinauszögern. Doch die Frau öffnete sofort, da konnte er nicht mehr zurück. Wortlos stürmte er in den Korridor, schlug sie nieder und vergewaltigte sie. Dann zwang er sie, Wasser in die Badewanne einzulassen. Anschließend ertränkte er sie. Am 16. Oktober 1990 wurde sie dort von Angehörigen gefunden. Im Umfeld des Geisterhauses hatte niemand etwas bemerkt.

Wieder sah die Polizei keinen Zusammenhang zwischen der Entlassung von Roll aus dem Gefängnis und der neuerlichen Tat. Es fehlte eine Beziehung zwischen Täter und Opfer, die in den meisten Fällen existiert und den Kriminalisten die Aufklärung ermöglicht. Auch schien es keine Kennzeichen in den verschiedenen Mordfällen zu geben, die auf einen Mörder hindeuteten. Jede Bluttat hatte ihre eigene Handschrift.

Mit häufigem Wohnungswechsel und ständigem Alkoholkonsum schlug er sich die nächsten Jahre durchs Leben, raubte und beging weitere Vergewaltigungen, verübte aber zwischen 1990 und 1995 keine Morde.

Es ist nicht anzunehmen, daß Roll weitere Taten verschwiegen hat. Er hatte mit seiner Lebensbeichte reinen Tisch gemacht. Möglich vielleicht, daß er einen Mord einfach »vergessen« hat.

Die acht Berliner Mordkommissionen holten nach seiner Verhaftung und seinem umfassenden Geständnis alle unaufgeklärten Fälle hervor, die in diese Zeit fielen, und deren Tathergang ähnliche Brutalitäten wie die des Theo Roll aufwies. Roll selbst konnte sich vor Gericht an weitere Morde nicht erinnern und die Staatsanwaltschaft ihm keine weiteren nachweisen. Doch anfällig sei er immer gewesen, wie er dem Gericht glaubhaft machen konnte. Trank er Alkohol, war niemand vor dem Mann mit den Riesenpranken sicher.

Besonders in den Abendstunden, wenn er allein durch die Straßen zog, überkam ihn eine mörderische Wut, daß sein Leben so völlig daneben geraten war. Er konnte mit niemandem darüber sprechen, ohne sich zu verraten. Und sich stellen? Roll war nie auf die Idee gekommen. Wozu? Was würde sich dadurch für ihn verbessern?

Bei seinem Vorleben konnte er nicht mehr von vorn beginnen. So war es eigentlich nur Zufall, daß in dieser Zeit keine neuen Opfer hinzugekommen sind. »Es hat sich für mich keine Gelegenheit ergeben, jemanden zu töten. Wenn mir so gewesen wäre, hätte ich es getan.«

Es gibt Täter mit schlichtem Gemüt, die sich mit Taten schmücken, die sie gar nicht begangen haben. War Roll auch einer von denen, die auf Schlagzeilen aus waren? Hat sich tatsächlich alles so zugetragen, wie es der Serienmörder in seinem Geständnis geschildert hat?

Die Zeugen Kiminalpolizisten, die ihr Wissen zu den einzelnen Fällen dem Gericht mitteilten, ließen keine Zweifel aufkommen, daß mit Roll tatsächlich einer der gefährlichsten Mörder Deutschlands auf der Anklagebank saß. Seine Informationen konnte er nicht aus Zeitungberichten zusammengesammelt haben. Was er ruhig und nahezu regungslos berichtete, konnte nur der wirkliche Täter wissen.

Eine Wende in seinem Leben hätte die Beziehung zu der 22jährigen Christel Trabert, einer Briefzustellerin, bedeuten können. Zum ersten Mal im Leben spürte er so etwas wie menschliche Wärme. Christel Trabert ist die Tochter seines damals 53jährigen Halbbruders Erich Trabert, Sohn seiner Stiefmutter Hannelore Trabert. Christel wußte nichts von seinen Untaten. Auf Familienfeiern hatten sie sich kennengelernt, und Christel fand den »Teddy« recht sympatisch. Es war nicht die große

Liebe, doch nach einer gescheiterten Ehe mit einem Alkoholiker, aus der zwei Kinder hervorgingen, erschien ihr Theo wie der große Beschützer der Familie. Als im Juli 1991 der gemeinsame Sohn Charlie geboren wurde, war die Beziehung schon angeschlagen. Denn auch Theo sprach uneingeschränkt dem Alkohol zu, und Christel Trabert reagierte nach den Erfahrungen, die sie gemacht hatte, mit heftiger Ablehnung. Sie mußte mit Erschrecken feststellen, daß ihr Freund und Vater ihres dritten Kindes zunehmend gewalttätig wurde. Mit der Geburt von Charlie bekam die Beziehung noch einmal neue Impulse. Er vergötterte das Kind, lebte als Familienvater mit Frau und Kindern auf der Kleingartenanlage »Am Ahrensfelder Berg«, spielte mit den Kindern, pflanzte im Garten und erwies sich als hilfsbereiter Nachbar. Sein Haushaltsgeld lieferte er brav ab.

Es war ihm klar, er konnte seine Opfer nicht mehr lebendig machen. Was er aber bis jetzt nicht geglaubt hatte, warum sollte es nicht doch möglich sein: der Versuch, ein normales Leben zu beginnen? Alles bisherige vergessen, einen persönlichen Schlußstrich ziehen, mit der neuen Partnerin normal leben. Roll glaubte, daß ihm daß gelungen wäre. Er hatte keine besonderen Schuldgefühle, also dürfte es einfach sein, die Vergangenheit einfach zu vergessen.

Doch da war der Alkohol. Alle Versuche, von der Flasche wegzukommen, scheiterten. Und Christel Trabert machte ernst. Entweder Alkohol oder Familie. Das Unheil braute sich zusammen.

Ob sich der Haß, den er für die Stiefmutter empfand, auch auf ihren Sohn Erich Trabert, seinen Stiefbruder und quasi Schwiegervater, übertrug, mag im Unterbewußtsein eine nicht unerhebliche Rolle gespielt haben. Doch es war nicht der entscheidende Grund, warum Roll den Mann am 25. Februar 1995 gegen 20 Uhr in einem Anfall von Jähzorn niederschlug und ihn anschließend in der Badewanne ertränkte. Der Alkohol hatte ihn rasend gemacht. Trabert hatte seinen Stiefbruder Roll zur Rede gestellt, er solle seiner Tochter Christel nicht das Leben zerstören. Die Aufforderung Traberts, keinen Alkohol mehr zu trinken, setzte Rolls Verstand außer Kraft. Er packte zu und drückte ihn unter Wasser. Mit einer Beute von 1800 Mark verließ er dessen Wohnung. Die Polizei glaubte zunächst an einen Badeunfall.

Nun war klar: Einen neuen Anfang wird es nicht geben, das Ende ist in greifbare Nähe gerückt. Er irrte betrunken durch die Nacht, schaute noch einmal bei Christel vorbei und verabschiedete sich am nächsten Morgen, wohl ahnend,daß er nie wieder zurückkehren könne.

Gegen 8 Uhr suchte er die beste Freundin von Christel in Hellersdorf auf. Das Gespräch begann harmlos. Theo schien sich mit der 34jährigen Gerlinde Pappel beraten zu wollen, wie er das Verhältnis zu Christel wieder zurechtbiegen könne. Das Gespräch muß ihn so erregt haben, daß er in Rage geriet. Er überwältigte die völlig überraschte Frau, mißhandelte sie, schleifte sie in Schlafzimmer und würgte sie zu Tode. Anschließend legte er im Schlafzimmerschrank Feuer. Roll hoffte, daß ein Brand den Mord verschleiern könne. Er war zu diesem Zeitpunkt schon stark betrunken, trank aber, nachdem er die brennende Wohnung verlassen hatte, noch eine Flasche Bacardi. Wenige Minuten nach acht waren Feuerwehr und Kripo zur Stelle. Schnell wurde die Verbindung zu dem Verbrechen an Erich Trabert aufgedeckt, der Täter identifiziert.

Volltrunken ließ sich Roll mit einem Taxi zur Aufnahmeabteilung der Karl-Bonhoeffer-Nervenklinik fahren, wo ihn die Polizei gegen 14 Uhr schlafend vorfand. Nach anfänglichem Leugnen legte Theodor Roll ein volles Geständnis ab.

Was die Zuhörer im Gerichtssaal gleichermaßen empörte wie erregte, waren die Feststellungen des Gutachters, Prof. Doktor Alfred Rusche, der die Psyche des Hünen analysierte: Theodor Roll sei ein ganz normaler Mensch. Ein Durchschnittstyp, ein Alltagsmensch. Er habe keinen krankhaften Hang zum Morden, keine perverse Neigung zu Scheußlichkeiten. Da er weder krank noch unzurechnungsfähig sei, müsse er auch voll für seine Taten die Verantwortung übernehmen. Er konnte lachen wie andere, mit Kindern spielen wie andere und er konnte höflich und zuvorkommend sein. In seinem Verhalten zeigte er eine gesteigerte Erregbarkeit, war schnell frustriert, doch lagen bei ihm keine abnormen Reaktionen vor. Was ihn von anderen unterschied, sei der ungebremste, der geradlinige Weg in das Verbrechen. Hätte sein Leben zu einem frühen Zeitpunkt eine andere Wendung genommen, wäre Verständnis, Anerkennung, Zuneigung entgegengebracht worden, gäbe es die Untaten des Theo Roll nicht. Er hätte seinen Platz in der Gemeinschaft finden können, der gordische Knoten aus krimineller Energie hätte sich vielleicht gelöst. Doch mit jeder Schwelle, die er übersprang, sanken die Chancen für ein normales Leben. Er stürzte sich ins Verderben und riß andere Unschuldige mit.

Während der Gutachter die Persönlichkeit des Theo Roll analysierte, saß der Serienmörder bewegungslos hinter der Barriere. Er folgte dem Geschehen aufmerksam, eine Regung war nicht zu erkennen.

Roll hat zu keiner Zeit an Selbstmord gedacht, um sich der Verantwortung zu entziehen. Er hatte genügend Erfahrungen mit dem Gefängnis und fürchtete sich nicht vor langer Isolation. Er wird, solange er lebt, eine Gefahr für seine Umwelt bedeuten. Wenn er an einen Punkt kommt, da er das Gefängnisleben nicht mehr zu ertragen bereit ist, wird er versuchen auszubrechen. Seine Wärter, seine Mitgefangenen werden ein Leben lang vor ihm auf der Hut sein müssen. Denn Theo Roll hat nichts mehr zu verlieren, nichts, absolut nichts.

Der Todessturz

Ein Grenzfall sicher, kein Mord, kein Totschlag, doch nach Auffassung der Berliner Staatsanwaltschaft war es »fahrlässige Tötung«, die das Leben von drei Bauarbeitern jäh beendete.

Die Schwelle zwischen juristischer Schuld und Unschuld ist mitunter so niedrig, daß ein wertender Satz eines Sachverständigen, eine vorschnelle Medienäußerung oder eine Interpretation einer Formulierung des Angeklagten genügen kann, um dem Verfahren eine bestimmte Richtung zu geben. In solche Situationen können all jene Menschen geraten, die in irgendeiner Weise Verantwortung über das Leben anderer übernehmen müssen. Ärzte, Konstrukteure, Krankenschwestern, Kindergärtnerinnen, Kraftfahrer, Piloten. Bei jedem Unglück wird die Frage nach der juristischen Schuld gestellt.

Die Ehefrauen der verunglückten Maurer, die am 28. Mai 1997 dem Spruch eines Berliner Schöffengerichts beiwohnten, wird der Freispruch für die vier Verantwortlichen eines Bauunternehmens kaum befriedigen. Auch nicht, daß das Gericht ihnen das tiefempfundene Beileid aussprach. Das machte ihre Männer und Familienernährer auch nicht wieder lebendig. Die Frauen waren in dem

Verfahren als Nebenkläger aufgetreten und somit von einer Schuld oder Mitschuld der Angeklagten ausgegangen.

Die vier auf der Anklagebank sind normale Bürger, die weder töten noch den Tod anderer durch Fahrlässigkeit in Kauf nehmen wollten. Vor Gericht kamen sie wegen eines tragischen Unfalls.

Das Ereignis lag zum Zeitpunkt des Freispruchs fast vier Jahre zurück.

Es war der 14. Juli 1993 kurz vor Schichtschluß im Berliner Heizkraftwerk Lichtenberg. Der 51jährige Schlosser Hartmut Kloss vernahm ein prasselndes Geräusch im Inneren des 160 Meter hohen Schornsteins. Als er nachsah, machte er im Schacht einen grausigen Fund: Zwischen Mauerresten, Brettern und rußigen Putzbrocken lagen die Leichen von drei Männern. Die Maurer einer Schornstein-Sanierungsfirma Dennis Dormeier (42 Jahre), Diethelm Hunziger (41 Jahre) und Dietrich Cronzucker (42 Jahre) aus Leipzig waren aus etwa 130 Metern Höhe zu Tode gestürzt.

War es Mord, Fahrlässigkeit oder Unfall? Diese Frage hat sich die Polizei immer dann zu stellen, wenn es sich um keinen natürlichen Tod handelt.

Eine absichtliche Tötung schied nach ersten Erkenntnissen der Polizei aus. Die drei Bauarbeiter waren ohne das Zutun einer anderen Person in die Tiefe gestürzt. Es hätte auch niemand von unten aus die Hebebühne in 129 Metern Höhe manipulieren können. Sie hing nach dem Unfall noch oben. Auch ein Selbstmord eines Arbeiters, mit tödlichen Folgen für die anderen beiden, kam nicht in Betracht.

Selbstmörder hinterlassen normalerweise Gründe für ihre Tat. Und sie töten absichtlich keinen anderen Menschen.

Es blieben fahrlässige Tötung oder Unfall. Das Gericht hatte nun die Aufgabe, Licht in das Dunkel zu bringen. Es mußte prüfen, ob ein Fremdverschulden vorlag.

Die Schornsteinsanierung, das erbrachten die Ermittlungen, wurde in zwei Phasen durchgeführt. In einem ersten Arbeitsgang wurde die Innenseite von Ruß befreit. Zu diesem Zweck wurde die von Ingenieur Gustav Landauer konstruierte Arbeitsplattform von unten nach oben gezogen. Hier war der direkte Mauerkontakt nicht erforderlich. Die Arbeiter konnten mit harten Besen die Wand säubern. In dem später folgenden zweiten Arbeitsgang schließlich sollten verwitterte Mauerteile erneuert werden. Dazu nahm die Bühne etappenweise den Weg von oben nach unten. Die Besonderheit lag darin, daß der Schornstein sich vom Fuß bis zur Spitze von acht auf fünf Meter verjüngte.

Sollten also die Maurer auf allen Höhen immer nahe an der Innenwand sein, mußte die Plattform in bestimmten Abständen verbreitert werden. Nur so war ein gefahrloses Arbeiten an der Wand möglich, konnte verhindert werden, daß die Arbeitsbühne hin und herschwankte. Dazu war vorgesehen, an dem Baulift Stahlträger aufzumontieren, die die Erweiterungen dann gehalten hätten.

Was die Arbeiter in schwindelerregender Höhe bewogen hat, gegen elementare Sicherheitsvorschriften zu verstoßen, wird ihr Geheimnis bleiben.

Der schlimmste Feind der Sicherheit ist die Gewöhnung, der alltägliche Trott, die Routine. Unmerklich schleicht sich tödlicher Leichtsinn ein. Was immer so funktioniert hat, wird möglicherweise auch stillschweigend geduldet, eben weil es ja bisher gutging. Und ein Provisorium ist für ein Unternehmen immer billiger als eine aufwendige Konstruktion.

Doch für solche Vermutungen gab es keine Belege. Außerdem wurde das Gerät vom Technischen Amt begutachtet und für funktionsfähig befunden. Zwar wurde mit der Genehmigung zum Betreiben der Plattform festgestellt, daß die Konstruktion nicht auf dem neuesten Stand der Technik war, doch hätte sie bei ordnungsgemäßer Bedienung alle Sicherheitsbestimmungen erfüllt.

Tatsache aber war, daß sich die drei Arbeiter nicht an die Vorschriften hielten. Sie hatten nicht das Sicherheitsgeschirr angelegt, um zusätzlich geschützt zu sein. Wahrscheinlich hinderte es sie bei den Arbeiten, und so begaben sie sich in Lebensgefahr. Entgegen den Anweisungen hätten sie an dem Tag die Plattform um 10 Meter nach unten gelassen. Vor jeder Absenkung sollte eine spezielle Belehrung über notwendige Veränderungen an dem Gerät stattfinden. Dazu lägen präzise Dokumentationen vor. Die Maurer aber nahmen die Fahrt in die Tiefe eigenmächtig vor. Entscheidend für den Absturz aber war, daß sie die Anlage nicht vorschriftsmäßig verbreitert hatten. Statt der anzuschraubenden Eisenträger benutzten sie 5 Zentimeter dicke Bohlen. Diese nagelten sie auf die vorhandene Konstruktion auf, als eine Art Balkon in Richtung

Schornsteinwand. Doch als die Arbeiter die Brüstung betraten, waren das Körpergewicht und die Schwingungen der Bretter stärker, so daß sich die Nägel herauszogen und die Hilfskonstruktion mit den Arbeitern in die Tiefe stürzte. Sie hatten keine Chance.

Nach Auffassung der Staatsanwaltschaft hatten die Bauleiter und Konstrukteure Mitschuld an dem Unglück. »Völlige Desorganisation und mangelnde Aufsicht« hätten zu dem Unfall beigetragen. Zum Zeitpunkt des Geschehens hätte sich kein Verantwortlicher in der Nähe der Baustelle befunden. Der mitangeklagte Bauleiter war zur Zeit der Katastrophe in Urlaub. Deshalb hielt der Anklagevertreter eine Bewährungstrafe für angemessen.

Die vier Angeklagten bedauerten das Geschehen, sahen bei sich aber keine Schuld an dem Unglück. Hätten die Bauarbeiter die strengen Sicherheitsvorschriften eingehalten, wäre ihr Leben nicht in Gefahr geraten.

Das Gericht schloß sich dieser Auffassung an und kam zu dem Freispruch. Es galt, so die Urteilsbegründung, die strafrechtliche Seite des Unglücks zu untersuchen. Den Angeklagten sei nicht zu widerlegen gewesen, daß die Arbeiter das tragische Unglück am 14. Juli 1993 »durch bewußte Selbstgefährdung« verursacht hätten. Warum sie diese leichtfertige, todbringende Konstruktion gebaut hatten, könne nicht mehr aufgedeckt werden. Bei Zweifeln muß zugunsten der Angeklagten entschieden werden.

Die Hinrichtung

Der alte »Boxer«, der Boxhagener Platz an der Grünberger Straße in Berlin-Friedrichshain, hat schon aufregende Momente erlebt. Schlägereien in den Kneipen bis an die Wühlischstraße gehörten seit eh und je fast zum guten Ton. An den Markttagen ging der Klau um, jagten Beklaute und Erwischte um die Blumenrabatten des grünen Areals, wurde manch dunkles Geschäft im rostigen Pissoir »vertragsreif gepinkelt«. Allein schon die Geschichten des Pflanzenhändlers Lebus, der eine Institution war und mit seiner silberklaren Stimme den ganzen Markt beschallen konnte, würden Bände füllen. »Mutta, haste ne Meise? Wenn de ne Meise hast, biste bei mir jenau richtich.« Und das Volk kaufte sein Vogelfutter. Die kleine, runde Schuhcreme-Else hatte das lauteste Organ und konnte ganze Händlerscharen niederbrüllen. Markttage waren Volkstage. Diese Gegend hatte das klassische Hinterhofmilieu eines Berliner Arbeiterbezirks. Nach dem Kriege verzeichneten die Straßen rund um den Boxer einen beispiellosen Niedergang. Die Tante-Emma-Läden machten nach und nach dicht, die Rolläden gingen runter. Neues entstand nicht. Die Jungen zogen, wenn sie konnten, in bessere

Regionen der Stadt, zurück blieben vor allem die Alten, Kinderreichen und Menschen im sozialen Abseits. Daran hat sich bis heute wenig geändert. Der Boxer-Kiez ist der ärmste von Berlin. Geblieben ist der Markt, verändert hat sich das Antlitz. Seit dem Ende der DDR sind dort nicht nur Waren in Hülle und Fülle, Obst übers ganze Jahr, sondern auch neue Händler hinzugekommen. Zigarettenverkäufer mit schwarzen Augen und schwarzen Haaren. Daran hat sich das Boxer-Publikum schnell gewöhnt, sie gehörten bald dazu.

Doch was am 7. Mai 1996, es war ein Dienstag, gegen 11.15 Uhr in einer dunklen Hausflurecke geschah, übertraf die Vorstellungskraft selbst der Alteingesessen rund um den Boxer, die in bewegten Nachkriegszeiten einiges miterlebt hatten.

Unbemerkt im alltäglichen Besucheranstrom drängten vier Vietnamesen zwei Landsleute in eine Hausecke. Dann knallten mehrere Schüsse. Sekunden dauerte der Spuk. Als sich Straßenpassanten dem Eingang näherten, sahen sie eine leblose Gestalt in ihrem Blut liegen und alarmierten die Polizei.

Der Mann, der 25jährige Zigarettenhändler Thuan Van Thuan, war mit mehreren Kopfschüssen niedergestreckt worden. Er lebte zwar noch, als er von den Rettungsärzten gefunden wurde, doch der Blutverlust und die Verletzungen führten dazu, daß er wenig später im Krankenhaus verstarb. Das andere Opfer war schwerverletzt geflüchtet, und auch die vier Täter waren spurlos verschwunden.

Ein Jahr später, am 10. Mai 1997 begann in Berlin der Prozeß gegen den 22jährigen Pham Van Nguyen.

Er ist klein und schmächtig, wirkt wie ein Junge, der mit schwarzen, forschenden Augen in die Runde blickt und nicht zu verstehen scheint, was da mit ihm geschieht. Dabei soll er es gewesen sein, der als »Soldat« der in Berlin operierenden vietnamesischen Bande »Nghi Xuan« die tödlichen Schüsse auf seinen Landsmann abgegeben hat.

Er hört still und bescheiden zu, was die Dolmetscherin ihm mit leiser Stimme übersetzt. Die Anklage lautet auf Mord. Aus niederen Beweggründen, um die Konkurrenz vom Boxhagener Platz auszuschalten, hätte er den Zigarettenhändler umgebracht. Die Schüsse sollten abschreckende Wirkung haben und andere Händlergruppen gefügig machen.

Bei einer Verurteilung hieße das lebenslänglich, in der Praxis 10 bis 15 Jahre in deutschen Gefängnissen oder, bei Auslieferung, für den Rest seines Lebens in einer der gefürchteten vietnamesischen Haftanstalten. Nguyen hört die Anklage, doch er sagt kein Wort.

Wie aus einem ehemaligen Ho-chi-Minh-Pionier ein eiskalter Killer werden konnte, darüber sind nur Mutmaßungen anzustellen. Aus den spärlichen Informationen über Lebensdaten des wahrscheinlichen Täters aus dem Umfeld seiner in Deutschland lebenden Landsleute gewinnt das Gericht das Bild eines ebenso dramatisch wie normal verlaufenen

Lebens. Pham Van Nguyen gehört nicht zur Generation der DDR-Vertragsarbeiter, deren ethische Werte in starkem Maße von dem zwar strengen Regeln unterworfenen, aber respektierten Aufenthalts in der untergegangenen Republik geprägt wurden.

In der Nähe von Hanoi, in unmittelbarer Nachbarschaft zum alten Hanoier Flughafen aufgewachsen, erlebte er eine durchschnittliche Kindheit in einem kleinen Dorf. Die Eltern sind Bauern, Nguyen war der jüngste von acht Geschwistern. Zum Hof gehörten 3,5 Hektar Reis- und Gemüsefelder, zwei Büffel, drei Hunde, zwei Schweine und zwanzig Hühner. Zusammen mit anderen Familienmitgliedern hatten sie fast zwanzig Hektar und dreißig Büffel zu betreuen. Nguyen wurde, wie alle Kinder im Dorf, Ho-chi-Minh-Pionier und träumte die Kindheitsträume von Abenteuer und Ferne. Die berühmte Schlacht von Dien Bien Phu, als die Vietnamesen in einem monatelangen Kampf der französischen Kolonialmacht das Rückrat brachen, war das Ereignis, das sie in ihren Spielen nacherlebten. Wenn drei-, viermal in der Woche die dröhnenden Propellermaschinen über das Dorf pfiffen und fast zum Greifen nahe waren, dann wünschten sich viele Kinder, einmal in solch einer Maschine zu sitzen und durch die Lüfte zu schweben.

Doch die weiteste Reise führte ihn in das fünfundzwanzig Kilometer entfernte Hanoi, wo er zweimal in der Woche auf dem Markt Gemüse und magere Hühner verkaufen durfte, um die Familienkasse ein wenig aufzubessern. Auch sonst blieb von den Kindheitsträumen wenig übrig. Erst mit dem 1986 angeschafften Familienfernseher ahnte Nguyen, daß es mehr gab als die kleine Welt der dreiundzwanzig Hütten und des Marktes von Hanoi. Inzwischen wurde der Hof zu klein für die große Familie, und als Nguyen sechzehn war, stand die Frage, die elterliche Hütte zu verlassen. Denn nur der älteste Sohn hatte das Recht, mit seiner Familie bei den Eltern zu leben, so hatte es der Familienrat festgelegt. Arbeit hatte das Dorf dem Heranwachsenden nicht zu bieten, so zog er in die große Stadt. Doch dort gab es bereits Hunderttausende, die genauso dachten und handelten wie er. Nguyen war einer mehr im Heer der Namenlosen, die den ganzen Tag auf den Straßen Hanois zusammengekauert sitzen, an einer kleinen Gasflamme grünen Tee trinken, mit Freunden plaudern und auf jede noch so kleine Arbeitschance angewiesen sind.

Eine solche bot sich ihm durch seinen Freund Dong. Der hatte überallhin seine Fäden gezogen. Zur Verwaltung, zur Polizei, zu den vielen kleinen Gaunern in der Grauzone der Stadt. Für umgerechnet 100 Dollar könnte er ihn mit einem Mann zusammenbringen, der Arbeitskräfte für das Ausland suche.

Deutschland, so konnte er hören, sei ein Land, das Ausländern gute Chancen bot. Die Deutschen würden die fleißigen Vietnamesen sehr lieben. Es sei alles legal, doch die deutschen Behörden seien sehr bürokratisch, erläuterte der Makler. Aus Erzählungen wußte Nguyen das von Leuten, die einst in der DDR ausgebildet wurden und als hochqualifizierte

Fachleute nach Vietnam zurückgekehrt waren. Zwar hat ihnen das alles nichts genutzt, sie mußten, wie andere auch, niedere Arbeiten verrichten, mußten sich in der Produktion »bewähren«, Straßen und Werkhallen putzen oder wurden aufs Land geschickt, doch das konnte man nicht den Deutschen anlasten.

Nguyen jedenfalls wollte es besser machen. Erst in Deutschland Facharbeiter werden und dann im Süden, in Ho-chi-Minh-Stadt ein eigenes Unternehmen aufmachen. Träume eines jungen Burschen, der glaubte, die Welt überlisten zu können.

Nun aber, da die Sache konkrete Formen annahm und Nguyen im Netz zappelte, machte der Makler seine Rechnung auf. Da Reise, Papiere, Ausbildung und Sprachkurse mit erheblichen Kosten verbunden seien, müßten schon umgerechnet 10 000 Mark beigesteuert werden. Würde er erst einmal in Deutschland Geld verdienen, hätte er die Summe schnell wieder raus. Bei 5000 Mark liege dort der Durchschnittsverdienst. Eine gigantische Summe. Und Nguyen rechnete sich aus, was er in Hanoi alles anstellen könnte, wenn er nur die Hälfte davon verdienen würde.

Unverzüglich fuhr er zu seinen Eltern. Der Familienrat fand das Angebot gut und beschloß, Nguyen nach Deutschland zu entsenden. Die Büffel wurden verkauft und das Land verpfändet.

Da Namenswechsel und lockerer Umgang mit Namen in Vietnam nicht ungewöhnlich sind, fand es Nguyen durchaus normal, daß in seinem Paß ein anderer Name stand. Über jene Stadt, in der er später zum Mörder werden sollte, wußte er nichts. Nur, daß es in den Wintermonaten recht kalt sein soll. Er empfand es auch nicht als Unrecht, in ein fernes Land zu gehen, um dort zu arbeiten. Warum sollte es strafbar sein, wenn man etwas Vernünftiges tun will? Auch die Deutschen würden ja von seinen Leistungen profitieren. Von Ausländergesetzgebung, Aufenthaltsstatus, Asylbestimmungen oder Abschiebung hatte er nie gehört. Für ihn war es »nur« ein Schritt in ein neues Leben, eine Hoffnung für sich und seine Familie.

Bei einem entfernten Verwandten in Paris machte er Zwischenstation. Wenn ein Vietnamese auf Reisen geht, so findet er irgendwo auf der Welt immer einen Verwandten. Nguyen kam aus dem Staunen nicht mehr heraus. Er tauchte ein in eine Welt der schönen Dinge, des Glanzes und des Reichtums. Es war nicht zu fassen, was es alles zu kaufen gab. Schnell wollte er nach Berlin, um endlich sein neues Leben zu beginnen.

Das einzige, was an den Informationen über Deutschland stimmte, war die Kontaktadresse. Weder Sprach- noch Berufsausbildung noch offene Aufnahme durch Deutschland erwarteten ihn. Nguyen war hilflos, ratlos, deprimiert. Er fand niemanden, der ihm weiterhelfen konnte oder wollte.

Auf Anraten seiner Kontaktperson stellte er einen Asylantrag. Damit war er für eine bestimmte Zeit sicher in Berlin. Zurück konnte er sowieso nicht. Er hatte keinen Pfennig Geld in der Tasche. Auch wäre dann die Schmach gewesen, daß sich die Eltern für seine Reise an den Rand des Ruins gebracht hatten und er ihnen nichts zurückzahlen konnte. Ohne einen größeren Betrag würde er nicht zurückkehren.

Er kam in einem Marzahner Wohnheim unter. Acht Personen auf neun Quadratmetern Wohnraum. Das Klima in dem gitterlosen Gefängnis schildern Mitbewohner zwischen solidarisch bis hochexplosiv. Eine Notgemeinschaft hatte sich da zusammengefunden, die nur ein Ziel hatte: überleben. Oft gab es Streit, wurden die Messer gezückt. Nguyen veränderte schnell seinen Charakter, paßte sich an. Nur der Starke hat eine Chance, das war sein Lebensmotto geworden.

Parallel dazu wurde er als Zigarettenverkäufer »angestellt«. Wer sich einer Organisation anschließt, ist den strengen Regeln der »Familie« bedingungslos unterworfen. Wer sich behaupten will, muß die Spielregeln der Illegalität einhalten. Glaubt man den Aussagen von Vietnamesen außerhalb der Szene, so werden die »Soldaten« Schritt für Schritt für jede Aufgabe vorbereitet. Vom Verkauf der Zigaretten, über das Eintreiben von Geldern bis zum Beseitigen der Konkurrenz. Wer sich einmal im Netz der »Familie« verfangen hat, für den gibt es kein Zurück. Denn rechtlich befanden und befinden sich viele Vietnamesen in einem Niemandsland. Deutschland nimmt sie nicht auf, aber duldet sie bis zur Abschiebung. Mit der Konsequenz, daß sie nicht arbeiten dürfen. Vietnam verweigert den »Landesverrätern« die Rückkehr. Der Schritt in die Kriminalität ist vorprogrammiert. Was Nguyen auch getan hätte, es wäre immer das Falsche gewesen.

Deutschland war und ist, sagten die Bewohner seines Heimes, für Nguyen immer ein fremdes Land geblieben. Richtige Freunde hatte er nicht, deutsche Worte, außer »danke« und »Mark«, hat er nie kennengelernt. Von den hier geltenden Gesetzen, Verordnungen, Bestimmungen hatte er keine Ahnung und wäre auch nicht bereit gewesen, sie auf sich zu beziehen. Deutsche Behörden waren für ihn tabu. Probleme unter den Landsleuten klärte man »unter sich«. Mit Deutschen würde er sich niemals anlegen. Die lebten in einer anderen Welt. Für ihn galten nur zwei Regeln: Keinen Kontakt zu deutschen Behörden, keine Berührung mit der Polizei. Eigentlich kein großer Unterschied zu seinem Leben in Hanoi. Der Lebensgrundsatz, hilf dir selber, galt dort wie hier.

Der Handel mit unverzollten Zigaretten ist für die einen ein Millionengeschäft, für andere, wie Nguyen, die einzige Überlebenschance. Das große Geld machten nicht er und seinesgleichen, sondern die internationalen Händlerringe, die ihre Ware in bestem Einvernehmen mit Zigarettenkonzernen auf die Reise schicken. Täglich werden Millionen Zigaretten nach Deutschland geschmuggelt oder die hier produzierten Zigaretten offiziell ausgeführt, auf dem Weg ins Ausland umdeklariert, um dann auf verschlungenen Pfaden auf den Schwarzmarkt zu gelangen.

Dabei profitiert der illegale Zigarettenhandel von der im Osten weit verbreiteten Armut. Für die Raucher bringt der Kauf beim Händler an der Ecke eine monatliche Ersparnis zwischen 100 und 180 Mark.

Die Besserbetuchten haben es nicht nötig, Ware aus dem Gebüsch oder dem Müllcontainer zu kaufen.

Das große Geschäft läuft beispielsweise über die Häfen Rotterdam und Hamburg. Dort kaufen Tarnfirmen Containerladungen – die Stange für sieben bis neun Mark. Dann rollen die Lkw-Ladungen in Richtung Osteuropa. An irgendeinem Punkt des deutschen Autobahnnetzes tauchen die Brummis unter, die Ladung verschwindet spurlos. Mit Ladepapieren werden die Zigaretten ordnungsgemäß bei den deutschen Zollbehörden abgemeldet, obwohl sie nie das Land verlassen haben. Von geheimen Lagerplätzen aus werden sie an die unzähligen kleinen Verteilergruppen weitergeleitet.

Auch gibt es noch den berühmten »Ameisenverkehr« an der Grenze nach Polen. Wer nur einige Minuten auf der alten »Friedensbrücke« halt macht, kann die Geschäftigkeit im Grenzverkehr beobachten. Ob Deutsche, Polen oder Osteuropäer – in Taschen, unter den Jacken, in Kofferräumen versteckt, kommen täglich tausende Stangen ins Land. Manche Person lehnt sich scheinbar absichtslos über das Geländer, um die schöne Oderlandschaft zu betrachten. Dabei fällt eine Tasche nach unten auf deutsches Territorium. Unter der Brücke stehen schon die Abnehmer. Vor den Augen von Bundesgrenzschutz und Zoll wird Schmuggel im großen Stil betrieben. Die Zwischenhändler haben sich raffinierte Techniken ausgedacht, wie die deutschen Grenzer abzulenken sind. An der Neiße, die mit dem Boot schnell zu überqueren ist, kommen bei Nacht und Nebel ganze Schiffsladungen an. Der Spuk dauert immer nur wenige Minuten, dann sind die illegal eingeschleusten Zigaretten schon auf dem Weg zum Bestimmungsort. Ähnliches passiert in den Zügen von Poznan nach Berlin. Je näher sich der Zug der deutschen Grenze nähert, um so hektischer werden die Aktivitäten. Reisende hasten von Abteil zu Abteil, rufen sich laut zu, wer was in seinem Gepäck hat, wer welche Mengen an Waren noch aufnehmen kann, wer noch Platz in seinem Koffer hat. Es wird umgelagert, einsortiert und weggepackt. Wenn dann polnische oder deutsche Grenzer auftauchen, sitzen alle brav auf ihren Bänken. In Berlin treten die Zwischenhändler in Aktion – Polen oder Deutsche –, die die unverzollten Glimmstengel sofort in die Verstecke bringen. Meist werden die Ladungen in Fahrzeugen versteckt, die dann die einzelnen Händler abfahren. Jetzt erst kommen die Vietnamesen ins Spiel. Sie stehen am Ende des illegalen Zigarettenhandels. Sollte einer durch Abschiebung ausfallen, ist nur das letzte Glied weggebrochen, nicht der Handel selbst gestoppt. Ein anderer würde den Job übernehmen.

Über die Dimensionen des Zigarettenschmuggels lassen sich nur Vermutungen anstellen. Allein in Berlin wurden 1996 knapp 24 Millionen Zigaretten und fast 300 000 Mark Gewinn sichergestellt. Die Dunkelziffer beim illegalen Zigarettengeschäft ist eine gewaltige. Der anfangs als völlig harmlos eingeschätzte Zigarettenhandel hat in Berlin eine kriminelle Blutspur hinterlassen, wie sie nach dem II. Weltkrieg nicht mehr zu verzeichnen war.

Doch die vollmundige Ankündigung von Polizei und Justiz, mit der Zerschlagung der vietnamesischen Händlerbanden den illegalen Zigarettenhandel in den Griff zu bekommen, erwies sich als Illusion.

Die illegale Zigaretteneinfuhr sei nun fest in russischer Hand, vermutet der Zoll. An die Stelle der Vietnamesen träten Bürger aus den baltischen Staaten und Polen, die äußerlich nur schwer als Zigarettenhändler auszumachen seien. Die Gewaltbereitschaft unter den Händlern nehme zu, deshalb seien die Zollfahnder jetzt auch bewaffnet und trügen schußsichere Westen. Mafiosen Strukturen seien kaum noch bei den Vietnamesen zu erkennen, dafür um so mehr bei den russischen Händlern. Nach dem Jahresbericht des Zolls für 1996 werden die Zigaretten in Tarnladungen eingearbeitet, die als Bauholz, Sanitäranlagen oder Zementladungen deklariert sind. Um den Herkunftsort der Zigaretten zu verschleiern, würden in den Benelux-Staaten Tarnunternehmen gegründet. Der illegale Zigarettenhandel bleibt auch ohne Vietnamesen ein lukratives Geschäft.

Es gehört zu den kriminalistischen Meisterleistungen der Berliner Polizei, eine beträchtliche Zahl der in Berlin operierenden Gangster gefaßt zu haben. In aufwendiger Kleinarbeit hatte die SoKo »Vietnam« sich ein Bild von den mafiosen Strukturen des Zigarettengeschäfts gemacht und sie mit konkreten Namen verknüpft. Viele Vietnamesen vertrauten auf die Anonymität, auf die Unfähigkeit deutscher Polizisten, die Asiaten auseinanderzuhalten. Doch mit jeder Razzia kamen Namen und Tarnnamen hinzu, wurden Anlaufpunkte, Verstecke und Übergabemethoden offengelegt, die Strukturen erkennbarer. Ob es tatsächlich drei rivalisierende Banden in Berlin gab, die einen mörderischen Kampf um Stellplätze und Absatzmärkte führten, ist bis ins Detail nicht bewiesen. Doch Tatsache ist: Der vietnamesische Bandenkrieg in Berlin hat bis zum Sommer 1997 vierzig Todesopfer gefordert. Laut Polizeiermittlungen hatten in Berlin die Banden »Quang Binh«, »Nghi Xuan« und »Ngoc Thien« – benannt nach vietnamesischen Regionen – den Zigarettenmarkt unter sich aufgeteilt. Zwischen diesen drei Gruppen hat ein unversöhnlicher Konkurrenzkampf getobt.

Berlins Polizeichef Hagen Saberschinsky konnte verkünden, die Vietnamesen-Mafia sei in ihren Strukturen zerschlagen. Die spektakulärsten Fälle lagen im Jahr 1996. Schlagzeilen machte der 20. März. Ein 37jähriger Zigarettenhändler wurde in einem Einkaufsmarkt in Marzahn von zwei Landsleuten erschossen. Nach der Festnahme von zwei Tatverdächtigen galt dieser Fall zunächst als einer der wenigen mit einem konkreten Fahndungserfolg. Fast einen Monat später, am 18. April wurde ein 41jähriger Vietnamese an einem Imbißstand in Prenzlauer Berg von zwei Männern erschossen. Nach Polizeiangaben war er ein unter Vietnamesen bekannter Zwischenhändler im Zigarettengeschäft und hatte sich nicht den Schutzgeldforderungen gebeugt.

Wieder einen Monat später die fürchterlichste Tat. Am 12. Mai stürmte eine Gruppe mit Schnellfeuergewehren bewaffneter Vietnamesen ein Wohnheim in Marzahn. Sechs Bewohner wurden mit jeweils zwei Kopfschüssen hingerichtet. Obwohl sich zum Tatzeitpunkt viele Menschen in dem Haus aufhielten, wollte niemand etwas bemerkt haben.

Drei Tage später. Am 15. Mai wurden an einem Bahndamm in Lichtenberg die Leichen drei weiterer Vietnamesen gefunden. Auch hier: Keine Zeugen, keine Hinweise auf die Täterschaft. Es wurde vermutet, daß für die Morde professionelle Killer angeheuert wurden, die zum Zeitpunkt der polizeilichen Ermittlungen schon längst außer Landes waren. Woher sie gekommen und wohin sie gegangen waren, darüber gab es unterschiedliche Auffassungen. Sie könnten zu den vietnamesischen Kolonien in den osteuropäischen Hauptstädten, aber auch zu den Pariser Vietnamesen gehören.

Millimeter für Millimeter kämpfte sich die Berliner Polizei durch den scheinbar undurchdringlichen Dschungel. Am 30. Juli 1996 wurden in einem Prozeß um den blutigen Bandenkrieg zwei Vietnamesen zu mehrjährigen Haftstrafen verurteilt. Beide waren am 20. Dezember 1995 bei einer Schießerei auf dem S-Bahnhof Treptower Park dabei, wo ein 29jähriger erschossen wurde. Es war das gleiche Muster. Die eine Gruppe sollte die andere von dem Standplatz – wenn notwendig mit Waffengewalt – vertreiben.

Beide Seiten waren auf den Krieg vorbereitet. Es kam nur noch darauf an, wer zuerst schießen würde. Der Prozeß brachte jedoch einige Kuriositäten an den Tag. Jener, der ein Geständnis ablegte und teilweise Reue zeigte, erhielt eine höhere Strafe als der schweigende Angeklagte. Dem Schweiger wurde durch die Meisterarbeit der Verteidigung eine Art Notwehr zuerkannt, weil er von einem Killer verfolgt wurde und diesen faktisch erschießen mußte.

Am 23. September der nächste Fahndungserfolg. Der SoKo »Vietnam« gelang die Verhaftung des Bosses der »Ngoc Thiem«-Gruppe. Gemeinsam mit seiner Freundin und seinem Stellvertreter wurde er überrumpelt. Es existieren Verdachtsmomente, daß »Ngoc Thiem« an dem Massaker in dem Wohnheim beteiligt gewesen war.

Bis zum Sommer des Jahres 1997 waren die Ermittlungen zu dem Fall noch nicht abgeschlossen.

Die erste eindeutige Verurteilung wegen Mordes erfolgte am 18. Oktober 1996. Zwei Vietnamesen erhielten lebenslänglich.

Ein Zeuge spielte in dem Verfahren die Hauptrolle. Erstmals durchbrach ein Vietnamese die Mauer des Schweigens, nahm das Risiko auf sich, selbst Opfer eines Anschlags zu werden. Die Medien waren bei den Zeugenaussagen nicht zugelassen, um den Mann nicht leichtfertig Gefahren auszusetzen. Durch seine Schilderungen konnten die Täter überführt werden.

Eine ähnliche Konstellation gab es auch in dem Verfahren gegen Nguyen. Die Ausgangslage war klar: Die Tatwaffe verschwunden, Spuren am Tatort, die ihn hätten überführen könnten, nicht vorhanden. Von den drei Mittätern fehlte jede Spur. Einzig und allein die Zeugenaussage des überlebenden Opfers entschied letztendlich über das Schicksal von Nguyen. War der Zeuge glaubwürdig, dann mußte Nguyen mit der härtesten Bestrafung rechnen. Geriete die Aussage ins Wanken, ergäben sich Unstimmigkeiten, dann bliebe der Mord vom Boxhagener Platz ungesühnt.

Da Nguyen schwieg, war das Gericht auf den Zeugen angewiesen, der unter Polizeischutz stand. Nach seinen Darstellungen hatten vier »Soldaten« von »Nghi Xuan« ihn und das spätere Opfer angesprochen, die beiden sollten den »Boxer« räumen. Als sie sich weigerten, hatte man sie faktisch abgeführt und in einen Hauseingang geschleppt. Die beiden hätten nicht gewagt, um Hilfe zu rufen, da sie ahnten, daß die andere Seite bewaffnet wäre. Der Streit im Hausflur eskalierte. Nguyen habe plötzlich eine Pistole gezogen und auf den Kopf seines Freundes geschossen. Er selbst habe sich sofort losgerissen, sei in panischer Angst davongerannt und von einem Schuß gestreift worden. Er habe mit Drohungen gerechnet, nicht mit einem Mord. »Wir waren doch nur einfache Zigarettenhändler«, sagte er.

Der Zeuge war noch sichtlich beeindruckt vom Geschehen. Aus seiner Sicht war der Kampf um den lukrativen Boxhagener Platz die Ursache für den Tod seines Freundes. Die »Nghi Xuan«-Gruppe habe Anfang 1996 die »freien« Zigarettenhändler vom Boxhagener Platz vertreiben und durch eigene Händler ersetzen wollen. Daß dieser Platz auch für ihn nicht kostenlos war, wurde aus seinen Aussagen deutlich. Doch an wen er seine »Standgebühr« zahlte, darüber schwieg er vor Gericht. Sein getöteter Freund sei mit einem Angehörigen der rivalisierende »Ngoc Thien« verwandt gewesen, und er vermute, daß er gezahlt habe. Offensichtlich wußte dieser Zeuge mehr, als er hier sagen wollte. Nur eines war für ihn an diesem Verfahren sicher: Nach dem Prozeß wäre das Ende seiner Zeit in Deutschland gekommen. Als überführter Zigarettenhändler gäbe es für ihn keinen Platz mehr in diesem Land.

Neue Erkenntnisse über den Tathergang kamen im weiteren Prozeß nicht hinzu, nur rundete sich das Bild über die Strukturen des illegalen Zigarettenhandels ab. So berichtete ein noch jugendlicher Händler, daß er für sein »Revier« unweit des Tatortes jeden Monat 400 Mark »Standgebühren« hatte zahlen müssen. Da die Hintergründe der Tat nicht aufgeklärt werden konnten, die Auftraggeber durch das Schweigen weiter gedeckt wurden, blieben die belastenden Aussagen des überlebenden Landsmannes. Da es keinen Grund gab, am Wahrheitsgehalt seiner Aussagen zu zweifeln, wurde Nguyen wegen Mordes verurteilt.

Mord ohne Leiche

Der 25. März 1996, ein Montag, war ein unfreundlich kalter Tag. Leichter Frost durchzog die Nachtstunden. Waren um diese Zeit in anderen Jahren die Schneeglöckchen fast verblüht, wollte jetzt der Winter einfach nicht weichen.

Ricarda Corino-Schüler, zu diesem Zeitpunkt 29 Jahre, hatte ihren Stammplatz auf der Schöneberger Kurfürstenstraße eingenommen. Seit 21 Uhr flanierte sie die knapp zehn Meter »ihres« Reviers auf und ab. Ein paar lüsterne Blicke, einige ergebnislose Anmachen, sonst nichts. Die Kurfürstenstraße ist das »mieseste Pflaster« der Berliner Szene. Hier sind die Huren für wenig Geld zu haben. Die Mädchen halten sich mit Drogen über Wasser, ihre Zuhälter haben die Straße fest im Griff. Die Freier wissen, daß sie hier ein leichteres Spiel haben als auf der Oranienburger Straße oder der Edelmeile auf der Straße des 17. Juni.

Für Ricarda, die auch »an der Nadel hing«, lief das Geschäft schlecht in dieser Nacht. Sie rauchte gelangweilt eine Zigarette nach der anderen, knietschte mißmutig auf ihrem Kaugummi und starrte ziellos auf den dünn fließenden Straßenverkehr. Von Zeit zu Zeit fluchte sie mit aufgesetztem

Kundenlock-Lächeln leise vor sich hin. Dabei konnte sie sich durchaus sehen lassen. Mit ihren beachtlichen Proportionen, ihrem hübschen, doch schon leicht vom Rauschgift gezeichneten Gesicht und den schwarzen, aufgesetzten Locken hob sie sich deutlich ab von vielen, vom Heroin zerfressenen Frauen. Zu kaum einer hatte sie engeren Kontakt. Sie fand die Frauen in den billigen Fummel ein wenig unter ihrer Würde, obwohl auch sie im klassischen Huren-Look umherlief. Um so ärgerlicher, daß sie in dieser Nacht leer ausgehen sollte.

Als in einem dunklen Golf an ihrer Seite die Scheibe heruntergelassen wurde, war Ricarda bis auf die Knochen durchgefroren. Sie nannte den Preis, und der seriös aussehende Freier war sofort einverstanden.

Eigentlich gehört es zum Huren-ABC, mißtrauisch zu sein, wenn ein Kunde sofort akzeptiert oder ein extrem hohes Honorar anbietet. Der Herr im dunklen Anzug wollte es »etwas anders« haben, aber nicht SM. Doch sie kannte den Mann mit seiner »Leder-Masche«. Er war Stammkunde auf der Kurfürstenstraße und seit einigen Tagen auch in ihrem Register. Für 250 Mark stieg sie ein. Kurz machte sie ihrer Kollegin das verabredete Zeichen: Alles in Ordnung, der Freier ist mir bekannt. Auf dem nahegelegenen Parkplatz Nollendorfplatz streifte sie die von ihm mitgebrachte hautenge, schwarze Lederhose über und legte sich befehlsgemäß bäuchlings auf die runtergestellten Vordersitze. Er kniete sich, wie abgesprochen, auf ihre Oberschenkel. Doch dann traf sie völlig überraschend ein Schlag auf dem Hinterkopf. Noch ehe sie begreifen konnte, was geschah, ein zweiter Hieb. Immer und immer wieder schlug der keuchende Mann mit einem Hammer zu – mindestens zehnmal. Als sie schon halb ohnmächtig und zur Gegenwehr nicht mehr fähig war, spürte sie einen stechenden Schmerz am Hals. Der Mann hatte ein Messer in der Hand und stach zu. Mehrmals. Doch da er sich mit der anderen Hand auf dem Rücken von Ricarda abstützte und im Halbdunkel nicht genau zielen konnte, traf er die eigenen Finger. Er blutete und wurde sofort wehleidig.

Warum er sie so quäle, stöhnte die Frau. Warum er sie nicht gleich töte?

»Du armes Geschöpf«, soll er unter Tränen gestammelt haben, »ich kann dich nicht töten.«

Wie in Trance steuerte der Mann sodann seine fünf Kilometer entfernte Schulzendorfer Wohnung an. Es war ihr Vorschlag, erst einmal nach Hause zu fahren, um die Wunden zu verbinden.

Zeit gewinnen, dem Wahnsinnigen entrinnen.

An Fliehen dachte sie in diesem Moment nicht, sie war halb ohnmächtig vor Schmerzen.

Außerdem wollte sie den Namen ihres Peiniger in Erfahrung bringen, sich seine Adresse einprägen.

Beide schleppten sich nach oben. Sie waren in seinem Appartement.

Wie weiter? Sie wußte es nicht. Stumm saßen sie sich gegenüber, Minuten, die zur Ewigkeit wurden. Fast eine Stunde soll es gewesen sein. Sollte sie jetzt fliehen? Was würde geschehen, wenn sie eine plötzliche Bewegung machen oder um Hilfe schreien würde? Dann zog sich der Messerstecher aus und stieg unter die Dusche. Jetzt fliehen, schoß es ihr durch den Kopf.

Doch die Angst saß tief. Wenn er in dem Moment aus dem Bad kommt, da sie sich mühsam aus der Wohnung schleppt? Ricarda wand sich vor Schmerzen und war nicht in der Lage, einen klaren Gedanken zu fassen. Sie spürte die tödliche Gefahr, als der Mann erneut über sie herfiel, ihr einen roten Trageriemen um den Hals legte und zu würgen begann.

Es muß das Blut gewesen sein, daß den Mann aus seinem Wahn erwachen ließ. Seine Wunde an der Hand war wieder aufgeplatzt. Beschwörend redete er auf Ricarda ein, flehte sie an, bat um Gnade. Er wolle alles wiedergutmachen. Nur nicht die Polizei.

Dann schleppte er sie erneut zum Auto und fuhr sie ins Urban-Krankenhaus. Da auch seine Fingerwunde verbunden werden mußte, lenkte er anschließend sein Fahrzeug zum Dominikus-Krankenhaus, wie im Prozeß erläutert wurde.

Ricarda kam schnell zu Bewußtsein, nannte auf der Aufnahmestation den Namen des Täters. Noch ehe dieser seine Klinik verlassen konnte, nahm die 3. Mordkommission den Arzt Doktor Siegfried Schötz fest.

In einer ersten Vernehmung drehte Schötz den Spieß um und beschuldigte Ricarda, sie hätte ihn angegriffen.

Was nun kam, war kriminalistische Routinearbeit. Erkennungsdienstliche Erfassung, Aktenvergleiche, offene Fälle heranziehen, Hausdurchsuchung. Stück für Stück formte sich das Bild eines

Mannes, der nach Auffassung von Polizei und Staatsanwaltschaft zu den gefährlichsten Sexualstraftätern der Nachkriegszeit gehört.

Bei einer Durchsuchung fanden Kriminalisten sieben Fotos, mit einer Polaroid-Kamera aufgenommen, versteckt hinter einer Musikanlage. Sie sollten zu einem Hauptbeweismittel für den folgenden Mordprozeß werden.

Sie zeigen eine Frau in einer Babybadewanne sitzend. Auch sie trug jene Lederhosen, hatte eine Bierflasche in der linken Hand. Die Bilder machten nicht den Eindruck von Zufallsaufnahmen. Die Komposition wurde aufbereitet, ein Ritual sollte festgehalten werden. Auch auf einem später entwickelten Kleinbildfilm ist das Mädchen abgebildet. Es liegt auf einer Luftmatratze. In Verhören hatte Schötz dafür eine einfache Erklärung: »Das Mädchen in der Wanne ist Maike. Wir haben gespielt und getrunken, dann ist sie in der Wanne eingeschlafen. Dabei habe ich Maike fotografiert. Sie wollte ein paar Fotos von sich. Am nächsten Tag ist sie nach Hamburg abgedampft. Mehr weiß ich nicht von ihr.«

Doch Kripo und Staatsanwaltschaft haben eine ganz andere Theorie: Seit den Abendstunden des 2. März 1996 ist die 18jährige Gelegenheitsprostituierte Sieglinde Schwabenbach aus Wedding spurlos verschwunden. Sie hatte an diesem Abend ihre Eltern besucht und einen Pullover geschenkt bekommen. Die Mutter hatte ihn für den Vater gekauft, der fand ihn nicht besonders schön, Sieglinde nahm ihn gern. Als Sozialhilfeempfängerin hatte sie nichts zu verschenken. Anschließend wollte sie zu ihren Freunden zum Billardspiel in eine Kneipe. Unterwegs rief sie ihre Freundin aus einer Telefonzelle an, sie wolle nur noch »einen Freier machen«, da sie völlig abgebrannt sei. Das war ihr letztes Lebenszeichen. Zum Billard in der Kneipe war sie nicht gekommen, ihre Spuren verlieren sich.

Bei dem Mädchen in der Wanne handelt es sich nach Auffassung des ermittelnden Staatsanwalts Doktor Schröder um jene Sieglinde. Obwohl der Kopf verdeckt ist, weisen Frisur, Haarfarbe, Schmuck und andere Indizien auf das verschwundene Mädchen hin. Fasern des geschenkten auberginefarbenen Pullovers seien in der Wohnung des Doktors, in seinem Wagen und in einem Mietwagen gefunden worden, die mit großer Wahrscheinlichkeit der Kleidung des Opfers zugeordnet werden müßten. Medizinische Gutachter ergänzten: Dieses Mädchen ist – als die Aufnahmen entstanden – schon seit längerer Zeit tot. Am Körper wären deutlich rötliche Leichenflecken und Anzeichen von Leichenfäulnis zu erkennen. Mit den Indizien konfrontiert, stritt der Mann lächelnd ab: Auf dem Foto sei eine betrunkene Hamburger Prostituierte abgebildet, sie sei quicklebendig, und alles andere existiere nur in der Phantasie der Staatsanwaltschaft.

Doch die Kripo-Leute bleiben dabei: Am 2. März – irgendwann nach einer Geburtstagsfeier – hat der Arzt die Prostituierte in die Wohnung geholt, sie alkoholisiert, ihr eine Tüte über den Kopf gezogen und erstickt oder sie mit einem Gürtel erdrosselt. Erst später – Stunden oder Tage danach – habe er die Tote in die Wanne gesetzt und fotografiert.

Die Theorie der Staatsanwaltschaft: In der Nacht vom 2. zum 3. März hat Doktor Schötz Sieglinde getötet, am 5. März hat er sich die Reisetasche – das »Leichenverbringungsgerät«, wie es Schötz vor Gericht in makabrer Ironie nannte – gekauft, in der er die Tote transportierte. Die Mutmaßung, Sieglinde sei irgendwie in die Klinik des Arztes eingeschmuggelt worden, hielten die Ermittler für eher unwahrscheinlich. Der Staatsanwalt glaubt, Schötz sei mit der Toten in der Tasche in Richtung Norden gefahren, um sein Opfer irgendwo verschwinden lassen. Nachbarn sagten aus, sie hätten gesehen, wie Doktor Schötz eine große rote Reisetasche aus dem Haus trug.

In Versuchen mit einer Puppe wurde der Nachweis erbracht, daß ein so großer Körper in einer Tasche unterzubringen war, ohne ihn zu zerstückeln. Sieglinde war von kräftiger Statur, hatte einen leichten Bauchansatz.

Schötz erklärte das Verschwinden der Tasche damit, daß er sie nach dem Aufplatzen eines Reißverschlusses weggeworfen habe. Nur den Trageriemen habe er behalten und zu einem guten Dutzend anderer Riemen und Gürtel gelegt.

Während der Prozeß gegen Schötz vorbereitet wurde, versuchten Kriminalisten zu weiteren Erkenntnissen über das Mädchen in der Badewanne zu gelangen. Wie war die Kopfhaltung im Moment der Aufnahme? Das Problem des fehlenden Gesichts auf dem Polaroid-Foto Nr. 4 lösten Kriminaltechniker mit Hilfe der Computersimulation. Das vierte Foto, das die Frau bis zu den Schultern in der Wanne zeigt und am oberen Rand eine Plastetüte sehen läßt, wurde künstlich »verlängert«. Dadurch wurde der Nachweis geführt, daß der Kopf im Moment der Aufnahme in der Tüte eingehüllt sein mußte und die Tüte nicht, wie Doktor Schötz behauptete, auf der Brust der Frau lag. Bei der Körperhaltung hätte sie eindeutig herunterrutschen müssen.

Die Berliner Ermittler stießen auf eine Akte aus dem Jahre 1989. Hier ist eine Anzeige der damals 33jährigen Prostituierten Sabine Hollmann aus Frankfurt/Main abgeheftet. Darin berichtete sie von einem Würger, der 1988 über sie hergefallen war. Sie nannte damals seine Autonummer, beschrieb sein Aussehen und nannte den Vornamen »Siegfried«. Sie konnte sich an einem Mann mit Schnurrbart erinnern. Da jedoch der Anwalt des Autobesitzers verneinte, daß sein Mandant einen Schnurrbart trage, legte die Polizei den Fall zu den Akten. Offensichtlich gab die Polizei nicht allzuviel auf die Aussage einer Prostituierten, und auf die Idee, der Mann könne sich nach der Tat seinen Bart abrasiert haben, kamen die Gesetzeshüter nicht.

Den Beamten der 3. Mordkommission in Berlin aber fielen die vielen Details des Frankfurter Falls auf, die mit der »Masche« des Berliner Sexualtäters übereinstimmten. Der Frankfurter Täter hatte die

Prostituierte in seinen weißen VW Polo, Marburger Kennzeichen, eingeladen. Mit dem von ihr geforderten Preis von 80 Mark war er sofort einverstanden. Sie waren auf einen abgelegenen Parkplatz gefahren. Dort mußte sie eine schwarze Lederhose anziehen. Der Mann – ebenfalls mit einer Lederhose bekleidet – habe sich ein Kondom über sein Glied gestreift und seine Hose wieder zugeknöpft. Susanne mußte ihn durch die Hosentasche befriedigen, ohne ihn direkt zu berühren. Er hätte sich sonst beschmutzt gefühlt, gab sie später zu Protokoll. Er hätte eine Abneigung gegen eine bestimmte Art von Frauen, die für ihn »hygienisch problematisch« seien. Das hielt ihn aber nicht davon ab, sich gerade solchen Frauen zuzuwenden. Als sie dabei war, die Lederhose wieder auszuziehen, hatte sie gespürt, wie ihr die Kehle zugeschnürt wurde. Geistesgegenwärtig konnte sie eine Hand unter das Tuch oder das Seil stecken und noch schnell herauspressen: »Deine Autonummer ist registriert.« Sofort ließ er von ihr ab und ergriff die Flucht.

Da Sabine zu dieser Zeit drogenabhängig war, meldete sie den Vorfall erst Monate später auf Druck einer Drogenberaterin.

Sie hörte nie wieder etwas von der Polizei.

Doktor Schötz war zu dieser Zeit an einer Marburger Klinik beschäftigt und steuerte regelmäßig das Frankfurter Rotlichtmilieu an.

Auch Rita Dollinger hatte ihr Ende praktisch schon vor Augen. Der Lederfetischist war am 7. Februar 1996 bei ihr Kunde. Mit sechzehn Jahren noch recht unerfahren in der Branche, aber von kräftiger Statur, zog sie vom Strich auf der Berliner Kurfürstenstraße mit dem Mann in sein Schulzendorfer Appartement. Das gleiche Spiel: Umziehen, auf den Bauch legen und warten. Als sie den Gürtel um ihren Hals spürt, reagierte sie sofort. Sie schob die Hände unter das Leder, strampelte, schrie und warf den Würger von ihrem Rücken. Von soviel Gegenwehr überrumpelt, setzte sich der Leder-Mann still in eine Ecke. Rita nutzte den Moment der Verwirrung und ergriff die Flucht. Erst drei Monate später, als sie von der Verhaftung des Mannes durch die Presse erfuhr und das Bild wiedererkannte, meldete sie den Vorfall bei der Polizei.

Diese Fälle wurden zu einer Anklage wegen eines vollendeten Mordes und vier versuchter Morde gebündelt. Die Angriffe auf Ricarda im Auto und in der Wohnung wurden als zweifacher Mordversuch gewertet. Doch die Staatsanwaltschaft ist überzeugt, daß noch mehr Verbrechen auf das Konto von Doktor Schötz gehen. Die Ermittlungen sind noch nicht abgeschlossen.

Da berichteten spektakulär aufgemachte Zeitungsberichte in Kanada über fünf unaufgeklärte Prostituierten-Morde aus Calgary, die Ähnlichkeiten mit den Berliner Morden aufwiesen.

Ermordet wurden Shwana van der Basch (20), Jenniffer Janz (16), Jenniffer Joyes (17), Tracy Lynn Maunder (26) und Rebecca Boutiller (20) – alle zwischen 1989 und 1993. Der Arzt hatte von 1990 bis 1993 in Kanada gearbeitet – etwa 300 Kilometer von den Tatorten entfernt. Wäre er der Täter, erklärte das auch »die Pause« zwischen 1988 und 1994 in Deutschland. Doch für die Staatsanwaltschaft gab es keinen Beleg, daß diese Fälle im Zusammenhang mit Doktor Schötz stehen. War Sensationsjournalismus hier der Vater der Enthüllungen?

Doch in Deutschland ist noch eine weitere grausige Tat unaufgeklärt, die in die Nähe von Schötz gerückt wurde: Am 5. November 1994 fand ein Autofahrer in einer Mülltonne an der Autobahn zwischen Hamburg und Lübeck Leichenteile der neunzehnjährigen Prostituierten Susanna Fürst. Der Kopf war »sauber« abgetrennt, so daß eine chirurgisch kundige Hand am Werk gewesen sein muß. Ein im Mund des Opfers gefundenes Haar sollte eigentlich den Mörder überführen, doch scheint inzwischen sicher, daß es nicht von Schötz stammt. Da keine Haarwurzel vorhanden ist, werden noch weitere Untersuchungen vorgenommen. Dennoch hielten die Kriminalisten an ihrer Version fest. Der Täter, kombinierten sie, ist alleinstehend, hat einen abartigen Hang zu Prostituierten und verfügt über medizinische Kenntnisse. Auf wen paßt ein solches Täterbild?

Der Leiter der 5. Berliner Mordkommission Gustav Hesse, der den Fall Susanna Fürst bearbeitet, war überzeugt, daß der Täter ein Mann mit krankhaften sexuellen Neigungen und Mediziner ist. Doch war es Doktor Schötz?

Das wichtigste Beweisstück, die Leiche von Sieglinde, fehlte noch immer, als am 13. November

1996, einem Mittwoch, vor dem Berliner Landgericht der Mordprozeß gegen Doktor Schötz begann. Der Gerichtssaal 500, in dem auch »Dagobert« und die »Mykonos«-Täter abgeurteilt wurden, war bis auf den letzten Platz gefüllt. Viele wollten in das Gesicht des Mannes schauen, der gehobenen Kreisen angehört, sich gebildet und redegewandt gibt und hinter dem sich ein zweites, unfaßbares Ich verbergen muß. Unter den Zuschauern waren auch einige Patienten des Arztes, die es nicht fassen konnten, daß dieser stets freundliche, hilfsbereite Mediziner ein solches Monster sein soll.

Vorsitzende Richterin der 29. Großen Strafkammer in dem Verfahren gegen den mutmaßlichen Frauenmörder war die resolute Gertrud Golme. Als Ankläger fungierte Staatsanwalt Helmut Schröder, der Mann, die die Anklage gegen die Berliner Tunnelgangster vertrat.

Er gab sich siegessicher und wies vor Prozeßbeginn alle Spekulationen zurück, seine Beweise seien dünn gesät.

Als Verteidiger trat der renommierte Rechtsanwalt Kurt-Dieter Stave an, der der Zuversicht seines »Gegners« mit einem Lächeln begegnete.

Siegfried Schötz saß freundlich blickend auf der Anklagebank, lässig die Hände in den Hosentaschen. Korrekt gekleidet und frisiert, enttäuschte er jene, die Anzeichen von Abnormität wahrzunehmen hofften. Eher farblos wirkte er, gar bieder und hausbacken. Für die Gerichtszeichner setzte er sich in Pose. Mancher Prozeßbeobachter war erstaunt, wie »normal« ein solcher Mörder aussah.

Seine Biographie liest sich wie die eines Durchschnittsmenschen.

Schötz, am 1. März 1960 geboren, kommt aus sogenanntem guten Haus. Der Vater ein Bonner Verwaltungsjurist, die Mutter treusorgende Hausfrau und auf das Einzelkind fixiert. Von Kind an hatte er anders, besser sein sollen, als die anderen Kinder. Er sollte immer der brave, liebe Junge sein, der nicht mit den anderen spielt und keine Dummheiten macht. Stefan sollte etwas Besonderes werden. Die Eltern schickten ihn auf ein altsprachliches Gymnasium. Doch konnte er die Anforderungen nicht erfüllen und mußte auf eine neusprachliche Einrichtung umgeschult werden. Für die Eltern eine Enttäuschung, und vielleicht hat seine Psyche in dieser Zeit einen ersten, unheilbaren Riß bekommen. Quälte ihn der Gedanke, ein Versager zu sein? Oder litt er unter der Strenge der Mutter und wollte es sich nicht eingestehen? Ein Ventil für seine Gefühle und Stimmungen schien er nie gefunden zu haben.

Mitschüler beschrieben ihn als unnahbaren, verschlossenen Einzelgänger. Auf privaten Festen wurde er nie gesehen, Ausflüge mit Freunden oder Abenteuertrips mit Klassenkameraden waren ihm fremd. Niemals ist er in Sporthosen oder Jeans herumgelaufen, stets trug er lange Stoffhosen. Schließlich wußten alle, daß er nie eine Freundin hatte. Er war ein Sonderling. »Er kleidete sich altmodisch-konservativ, muckte nie auf. Irgendwie wirkte er verklemmt«, meinte sein damaliger Klassensprecher. 1979 machte Schötz mit der Note 1,3 sein Abitur. Er weinte hemmungslos vor Wut und Enttäuschung, weil zwei Schüler besser waren. Dennoch war er der ganze Stolz der Mutter, die ihn vergötterte und alle Sorgen von ihm fernhielt. Und auch Siegfried liebte seine Mutter über alle Maßen.

Standesgemäß nahm er in Goslar ein Medizinstudium auf. Das Staatsexamen schloß Schötz 1985 mit dem Resultat »gut« ab und erhielt die Approbation. Es folgte die Armeezeit auf einer Fregatte als Schiffsarzt. Während seiner Wehrpflicht absolvierte er einen chirurgischen Lehrgang. Auch hier sagen Leute aus seiner Umgebung: Er war ein Einzelgänger, hatte keine Freunde, der Umgang mit ihm war problematisch. Schötz schottete sich von allen ab. In dieser Zeit, in Wilhelmshaven, suchte er erstmals die Nähe von drogenabhängigen Prostituierten.

Weitere Stationen waren die Marburger Universitätsklinik, Kanada und schließlich das Steglitzer Universitätsklinikum »Benjamin Franklin« in Berlin. Er war der »Aristrokat«, der elegante Unnahbare. Er beherrschte sein Fach, war Spezialist für moderne Heilmethoden, veröffentlichte in der Fachwelt anerkannte Beiträge. Eine Beziehung mit einer Kollegin scheiterte früh, Schötz fühlte sich offensichtlich nur auf dem Strich wohl.

Er brauchte Frauen, die er bedingungslos unterwerfen konnte. Die höchste Form der Unterwerfung ist der Tod. Es ist die totale Machtergreifung, der absolute Sieg über Körper und Geist des anderen. War der Arzt von diesen Gefühlen beseelt, als er sich die Mädchen ins Auto holte?

Viele offene Fragen blieben. Und auch das: Das

Verfahren gegen Doktor Schötz rückte gerade zu dem Zeitpunkt in den Mittelpunkt der Öffentlichkeit, als das Thema Triebtäter die Medien überschwemmte. Brauchten Staatsanwaltschaft und Polizei einen Vorzeigeerfolg? Wurden gar Ermittlungen einseitig geführt, um einen Sündenbock vorweisen zu können? Bot sich Doktor Schötz gerade dafür an, weil er verschlossen und nicht so widerstandsfähig war, weil er nicht den herkömmlichen Vorstellung von Sexualität entsprach? Wurde er das Opfer einer Presse- und Justizkampagne?

Die ersten Prozeßtage brachten lediglich juristische Vorgeplänkel. Schötz wollte nicht aussagen, bevor er nicht die Akten über zwei Mordfälle kenne, die nicht zur unmittelbaren Anklage gehörten. Es waren der Fall von Susanna Fürst und der der 32jährigen Gelegenheitsprostituierten Else Robert, die ebenfalls spurlos verschwunden ist. Sie soll am 3. November 1985 gegen 20.30 Uhr in einen hellen Wagen gestiegen sein. Drei Tage später meldete der Freund Else Robert als vermißt. Die Polizei stellte die Suche jedoch ein, da sich keine Anzeichen eines Verbrechens ergeben hatten.

Von den Unterlagen beider Fälle erhoffte der mutmaßliche Mörder Entlastung. Denn es gab keinen Beleg, daß seine Person damit in einem Zusammenhang stand. In der Voruntersuchung hatte er alle Taten bestritten und sich selbst als Opfer dargestellt. Die Anklage warnte den Verteidiger, sich nicht voll auf die Akten zu stützen. Schnell könne daraus eine weitere Mordanklage erwachsen.

Dann, am 20. und 22. November, redete Doktor

Siegfried Schötz. Über Stunden sprach er über seine Beziehungen zu Frauen, langsam, fast stockend. Auffällig war, daß er sich nicht mehr so publicityfreudig verhielt. Stets verbarg er sich hinter dem Türeingang, bis alle Fotografen den Saal verlassen hatten.

Die Verteidigung hatte versucht, die Öffentlichkeit auszuschalten. Durch Einzelheiten seines Intimlebens würden die Persönlichkeitsrechte des Angeklagten beeinträchtigt. Das Gericht jedoch war anderer Auffassung: Das öffentliche Interesse stehe in diesem Falle über der Privatsphäre des Mannes.

Seine Geschichten, die er dem Gericht mittteilte, standen im völligen Gegensatz zu den einzelnen Anklagepunkten. Er sei nicht der »Ripper«, zu dem ihn die Staatsanwaltschaft machen würde. Er fühle sich durch eine Art Vorverurteilung unfair behandelt.

Die fünf Anklagepunkte waren relativ schnell abgearbeitet, denn für Doktor Schötz gab es keine Fälle. An die Episode in Frankfurt/Main konnte er sich überhaupt nicht erinnern. Da keine exakten Tatdaten vorlägen, war auch ein Alibi nicht zu erbringen. Nach seiner Auffassung war er zu dieser Zeit außerordentlich selten auf dem Straßenstrich gewesen. Auch auf den Vorwurf des zweiten Mordversuches reagierte er mit Unverständnis. Er kenne weder das Mädchen Rita Dollinger, noch könne er sich an das von ihr beschriebene Szenario erinnern. Auf die Frage, woher das Mädchen seine Wohnung kenne und beschreiben konnte, wußte der Angeklagte keine Antwort.

Als der dritte Fall zur Sprache kam, quälte sich der Angeklagte wieder durch das Dunkel der eigenen Erinnerungen.

Er hatte in der Nacht vor dem mutmaßlichen Mord mit etwa zehn bis fünfzehn Kollegen seinen Geburtstag gefeiert, berichtete er. Es wäre die erste Feier in seiner Wohnung gewesen. Er war aufgeregt und aufgeputscht, zu später Stunde hatte er sich den Kopf gestoßen, vermutete, sich einen Schädelbasisbruch zugezogen zu haben. Gegen Mitternacht seien seine Gäste gegangen. Am nächsten Tag war ein Fortbildungs-Seminar am Klinikum angesetzt, bei dem alle fit erscheinen wollten. Doch er war nervös. Alkohol hatte er wenig getrunken, die Schlaftabletten schlugen nicht an. Er kam nicht zur Ruhe, hatte sich angezogen, war in seinen Mietwagen gestiegen und in Richtung Hamburg gefahren. Eine konkrete Absicht war mit der Fahrt nicht verbunden. An einer Raststätte – wo, das wußte er nicht mehr – machte er Halt. Er erinnerte sich an einen Tunnel, den er durchqueren mußte, um an den Imbiß der entgegengesetzten Fahrbahn zu gelangen. Doch warum ging er auf die andere Autobahnseite? Dort setzte er sich zu einer traurigen Frau an den Tisch, um Kaffee zu trinken. Es war »Maike« oder »Meike« aus Hamburg. Ihr Freund sei ihr davongelaufen, sie wäre am total Boden. Gemeinsam hätten sie beschlossen, seine Berliner Wohnung anzusteuern. »Sie wollte Sex, sie hatte keine Skrupel. Es war klar, daß ein geschlechtliches Zusammensein stattfinden sollte. Wir haben uns darüber im Auto verständigt.« Dann folgt ein Filmriß.

Ein Angeklagter, der sich nicht erinnern kann, ist deswegen keinesfalls als schuldig anzusehen. Die Staatsanwaltschaft muß die Schuld eines Verdächtigen zweifelsfrei nachweisen. Doch wirken sich Gedächtnislücken negativ auf die Glaubwürdigkeit aus. Schötz verfing sich immer wieder im Gestrüpp seiner mehrfach gemachten Aussagen. Auf Vergessenes folgten präzise Angaben.

Wie ist der zeitliche Ablauf dieser Nacht lückenlos aufzubereiten. Kann »Maike« – wie Schötz behauptet – nach dieser Nacht, in der sie »sternhagelvoll« war, einfach in den Zug nach Hamburg gestiegen sein? Warum reagierte sie nicht, nachdem alle Medien über den »Ripper von Berlin« berichteten? Eine unwahrscheinliche Geschichte, aber nicht so unwahrscheinlich, daß sie nicht tatsächlich so hätte passieren können.

Doktor Schötz redete viel und oft, verstrickte sich aber immer wieder in Widersprüche. Für Vorgänge und Abläufe fehlten plausible Erklärungen. Gleichzeitig ist es normal, daß bei mehrfachen ausführlichen Aussagen zu einem Vorgang die eine Schilderung nicht mit der anderen aufs Haar gleicht. Erst recht dann nicht, wenn größere Erinnerungslücken mitspielen oder vorgespielt werden.

Am 25. November verlor der sonst so gefaßt und gelassen wirkende Angeklagte die Nerven. Der Staatsanwalt stellte bohrende Fragen. Der Arzt brauste auf: das ist »eine Unverschämtheit«, eine »blöde Frage«, die »hinterrücks« gestellt wurde. »Dieser Mann reizt mich aufs Blut«. Nur ein Spiel der Worte oder tatsächliche Erregung?

Es ging um den doppelten Mordversuch an Ricarda. Nach Aussagen von Doktor Schötz war er das Opfer, hätte in Notwehr gehandelt. Nach seiner Schilderung hatte er die Prostituierte mit auf sein Zimmer genommen. Die rauschgiftsüchtige Frau hätte ein Messer gezückt und sei auf ihn losgegangen. Dabei hätte er sich verletzt. Sie wollte mit Gewalt ein Erkältungs-Medikament erzwingen, das in jeder Apotheke zu haben war. Schließlich hätte er den Angriff der Frau abwehren und sie wieder ins Auto bugsieren können, um sie ins Krankenhaus zu fahren. Zur Sicherheit hätte er noch einen Hammer mitgenommen, um sich vor erneuten Angriffen zu schützen. Das blutige Messer will er in eine Milchtüte verpackt haben, in der noch Milch war. Wegen der milchtropfenden Tüte sei er ausgestiegen, um das Messer in einen Müllbehälter zu werfen; auch der Hammer soll in einem Mülleimer an einem U-Bahnhof gelandet sein.

Am 27. November wurde Ricarda Corino-Schüler erstmals in den Zeugenstand gerufen. Bis sie zu Wort kam, vergingen Stunden. Staatsanwaltschaft und Verteidigung lieferten sich erbitterte Gefechte. Ihr Auftritt wirkte gut einstudiert und war, nicht zuletzt durch ihre leicht mondäne Vorstellung, wirkungsvoll. Sie legte ihre Version der Geschichte dar und erklärte, daß sie bis heute unter einem Schock stehe und nicht mehr in der Lage sei, ihren Beruf auszuüben.

Ihr Anwalt entfaltete Eifer auch hinter den Kulissen: Ein Verbrechen muß nicht nur geschehen, es muß sich auch gut vermarkten lassen, eine Fakt, der

Ricarda nicht unangenehm schien. Einer Zeitung vertraute sie, vom Anwalt gemanagt, ihre Geschichte für 9 000 Mark an, bei der rührigen Donnerstags-TV-Frau mit dem einfühlsamen Rehblick und der knarrenden Mitleidsstimme zog sie noch einmal alle Register und kassierte dafür 5 000 Mark. Noch ein anderer Fernsehsender will kräftig gezahlt haben. Für den Angeklagten hatte sie die Worte übrig: »Ich wünsche ihm alles Schlechte. Dreimal 15 Jahre. Ich hoffe, daß er sich in der Zelle erhängt.« Doch nichts in der Aussage der Hauptbelastungszeugin Ricarda wirkte unglaubwürdig.

Das Netz, in dem sich Doktor Schötz verfangen hatte, wurde immer engmaschiger. Die Fotos der leblosen Frau, die Aussage der Ricarda Corino-Schüler und die Widersprüche, in die der Angeklagte sich verstrickte – alles verdichtete sich zu einer schweren Belastung.

Ob die Ergebnisse der bisherigen Beweisaufnahme ausreichen? Es fehlt die Leiche, und es fehlt das Geständnis.

Psychologen, die sich in Medien äußerten, waren überzeugt, daß Doktor Schötz irgendwann aufgeben, die Schutzmauer um sich herum zusammenbrechen lassen wird.

Selbst die versteckten Foto würden sich in solch ein Szenario einfügen: Schötz, der krankhafte Triebtäter, will endlich Schluß machen mit seiner mörderischen Sucht. Deshalb hat er Ricarda ins Krankenhaus gefahren, wissend, daß dann die Lawine ins Rollen käme. Er lenkt die Ermittler ganz bewußt auf seine Spur, versteckt die Fotos so, daß sie gefunden werden mußten. Er will, daß ihm endlich das Handwerk gelegt wird.

Immer neue Aussagen belasteten den Mann. Jedes einzelne Indiz für sich brachte wenig, doch in der Summe scheinen sie den Täter zu überführen.

Am 2. Dezember traten Mutter, Freundin und Freund von Sieglinde Schwabenbach in den Zeugenstand.

Unter Tränen identifizierte die Mutter das Mädchen ohne Kopf auf dem Foto als ihre Tochter. Die 35jährige Verkäuferin erkannte den Pullover auf dem Bild, den sie selbst gekauft hatte. Ja, ihre Tochter habe auch einen Ring, wie auf dem Foto abgebildet, getragen.

Der Angeklagte wurde während der Zeugenaussage vom Prozeß ausgeschlossen, weil seine Gegenwart schwere Gesundheitsprobleme bei der Frau hätte auslösen können. Sie war seit dem Verschwinden der Tochter in nervenärztlicher Behandlung. Als sie zum ersten Mal die Bilder gesehen hatte, war sie in Ohnmacht gefallen. »Ich wollte es damals nicht wahrhaben«. Sieglinde sei ausgezogen, weil sie ihre Eigenständigkeit beweisen wollte. Nein, von der Prostitution hatte sie »nichts gewußt oder geahnt«. Daß Sieglinde irgendwo auf der Welt, in einer anderen Stadt, in einem anderen Land untergetaucht sein sollte, um ein anderes Leben zu beginnen, hielt sie für ausgeschlossen.

Auch für Freundin Nadine stand zweifelsfrei fest, daß es sich bei der abgebildeten Person um Sieglinde handelt. Mit ihr hatte sie am 2. März das letzte Telefonat mit der Verabredung zum Billardspiel geführt. Die Neunzehnjährige erkannte unter anderem die Figur der Frau und das von ihr selbst eingefärbte rote Haarsträhnchen wieder. Auch Sieglindes Freund und weitere Bekannte identifizierten die Frau auf dem Foto. Außer Nadine hatte keiner von ihrer Tätigkeit auf dem Strich gewußt.

Vorläufiges Fazit des Prozesses: Die Aussichten von Doktor Schötz, als freier Mann den Gerichtssaal zu verlassen, sanken von Verhandlungstag zu Verhandlungstag. Würde er jetzt seinen Widerstand aufgeben?

Am 4. Dezember 1996 erläuterte ein Gerichtsmediziner die Verletzungen, die Ricarda davongetragen hatte. »Über zwanzig Wunden am Kopf«, die bis zum Schädelknochen reichten, weitere am Hals und an den Händen hatte der medizinische Gutachter festgestellt. Viele Wunden seien »typische Abwehrverletzungen«. Damit war auch die Verteidigungstheorie von Doktor Schötz völlig zusammengebrochen, die Ricarda-Aussage hatte noch an Glaubwürdigkeit gewonnen.

Der Dezember lief schlecht für den Angeklagten. Gutachter Markus Rothschild kam bei der eingehenden Untersuchung der Fotos zu der Auffassung, daß das Mädchen in der Wanne und auf der Luftmatratze zum Zeitpunkt der Aufnahmen nicht mehr gelebt hat. Der Rechtsmediziner interpretierte die rot-violetten Hautverfärbungen am Hals, Nacken, an der Hand und am Bauch der Gezeigten als Zeichen des Todes. Farbe und Lokalisation sprächen zweifelsfrei für Leichenflecken. Auch die arrangierte Haltung zeuge davon, daß es sich um eine Tote handele.

Der Arzt konterte: Die Bilder seien von schlechter Qualität, es würde sich um Schattenbildungen handeln. Der Gutachter wies ihn zurück: »Farbe und Lokalisation sprechen für Totenflecke. Das sage ich als Rechtsmediziner.« Wären die Flecken nur auf den Polaroid-Fotos – die Mordthese wäre kaum zu halten gewesen. Aber die gleichen Symptome waren auf dem von der Polizei entwickelten Negativ-Film zu sehen, der ebenfalls in der Wohnung gefunden worden war. Doch Doktor Schötz blieb dabei: Bei der Frau handelt es sich um die lebende Maike aus Hamburg.

Das Verfahren zog sich durch den Winter. Die Zuschauerreihen lichteten sich zusehens. Das Interesse der Öffentlichkeit an Schötz sank auf Null. Im Prinzip bestätigten alle Zeugen die Anklagepunkte, was auch auf die Aussage von Rita Dollinger, der sechzehnjährigen Prostituierten, zutraf.

Mitte Dezember kam auch jene Frau zu Wort, mit der Schötz enger befreundet gewesen war. Sie arbeitete als Ärztin im Klinikum und bezeichnete den Angeklagten als hilfsbereit und zuvorkommend. Wie es der Angeklagte mit Frauen halte, wollte das Gericht schließlich wissen. Einer klaren Antwort mußte sie ausweichen: Doktor Schötz wollte offenbar keine feste Beziehung, erklärte sie diplomatisch. Haß auf Frauen oder abartiges Verhalten hätte sie bei ihm nicht feststellen können. Genauso wollte sie nicht akzeptieren, daß er ein Sonderling sei. Im Krankenhaus sei er geschätzt worden. Seine Kollegen würden sich auch bei ihr nach seinem Befinden erkundigen. Niemand im Ärztekreis könne sich vorstellen, daß die Vorwürfe gegen ihn zuträfen.

Für die Psychologen im Saal waren die entlastenden Worte eine Bestätigung für das Persönlichkeitsprofil des Doktor Schötz: Ein Mann mit zwei Gesichtern, zwei Seelen; auf der einen Seite der unscheinbare, liebenswürdige Kollege, der zuverlässig arbeitet und seinen Mitmenschen zuvorkommend begegnet, auf der anderen Seite der Mensch, der fähig war, die abscheulichen Taten zu begehen, die hier verhandelt wurden.

Am 6. Januar 1997 wurde die mit Spannung erwartete Faseranalyse vorgetragen, die nachweisen sollte, ob die Faser aus dem Pullover Sieglindes stammte und somit ein Beweis für ihren Aufenthalt in der Wohnung des Arztes erbringen konnte. Das Textilgutachten der PTU-Expertin beim Landeskriminalamt, Corinna Nube, kam zu einem klaren Schluß: Die etwa 100 rotvioletten Polyacrylfasern, die in der Wohnung, dem Auto Daihatsu sowie dem Kofferraum des gemieteten VW Polo und in der Wohnung der Verschwundenen gefunden wurden, sind »identisch«. Damit war zumindest bewiesen, daß ein Pullover, wie ihn die Tote auf dem Foto trug, existierte und in Wohnungen und PKWs getragen wurde. Am aufschlußreichsten war jedoch die Tatsache, daß eine bestimmte Faseranzahl im Abfluß der Badewanne von Doktor Schötz entdeckt wurde.

Hatte die Prostituierte ihren Pullover über der Wanne ausgeschüttelt oder wurde das Mädchen – wie die Staatsanwaltschaft vermutet – in der Wanne zerstückelt? Wurde die Wanne anschließend von Blutspuren gereinigt? Übersah der Täter, daß sich im Abfluß verräterische Spuren gesammelt hatten? Rein theoretisch hätte eine andere Frau einen gleichen Pullover tragen können. Doch in beiden Wohnungen wurden weitere Fasern – aus Baumwolle – untersucht, die sich an den Kleidungsstücken der Frau befunden haben mußten. Auch bei diesen »Sekundärfasern« lautete der für Doktor Schötz schicksalsschwere Spruch: »identisch«.

Die Reaktion des Angeklagten war, daß er am nächsten Verhandlungstag die Aussage der Textilexpertin als weiteren Versuch wertete, Beweise zurechtzubiegen und vor allem der Presse vorwarf, sie betreibe »Lynchjustiz in moderner Form«, er werde »unfair« behandelt und in den Medien vorverurteilt. Dadurch würden die Zeugen beeinflußt. Viele Zeitungen hatten einander im Erfinden von »Gruselsynonymen« übertroffen. Er wäre der »Havel-Ripper« oder der unheimliche »Doktor Mord«, der Prostituiertenschreck. Auch als »Hannibal-Lector«, »Doktor Porno«, »Folterarzt« oder »Lederhosen-Ripper« wurde er bezeichnet. Am Negativ-Image bastelten auch die Fotografen, die durch jeden Türspalt ihre Linsen quetschten, um doch noch ein Bild vom »manngewordenen Grauen« zu schießen – obwohl es eigentlich verboten ist, in den Gerichtssaal hinein zu fotografieren. Aber Horror verkauft sich gut.

Die Vorsitzende Richterin hörte sich alles gelassen an. Erst als der Angeklagte behauptete, durch die Vorverurteilung in den Medien entstehe Verurteilungsdruck, griff sie ein: »Das Gericht fällt sein Urteil nicht aufgrund von Presseberichten, sondern im Ergebnis der Beweisaufnahme.«

Das Frühjahr zog ins Land, und ein Ende des Verfahrens war nicht abzusehen. Aus der Sicht der psychiatrischen Gutachters, der Schötz monatelang in der Haft beobachtet hatte, müsse der Arzt in eine Nervenklinik eingewiesen werden. Schötz leide an einer gravierenden Persönlichkeitsstörung, verbunden mit einer sadistischen Perversion im sexuellen Bereich.

Nun brach der Schutzwall um Doktor Schötz zusammen. Nach vier Monaten des strikten Leugnens räumte er plötzlich ein, Gewalt gegen Frauen verübt zu haben.

Das war die Wende in dem langen Verfahren.

Schötz befand sich auf dem Rückzug. Die Staatanwaltschaft gab sich damit aber nicht zufrieden. Sie hatte den Täter im Netz, nun sollten die letzten Barrieren zum vollen Geständnis fallen. Hinter den Kulissen soll die Staatsanwaltschaft der Verteidigung angeboten haben: Schötz gesteht, dafür kommt er in Sicherheitsverwahrung und nicht lebenslang hinter Gitter.

Unter Prozeßbeobachtern hatte es sich rumgesprochen: Schötz wird gestehen. Am 7. April war es dann soweit. Der Angeklagte gab eine persönliche

Erklärung ab: Ja, die verschwundene Prostituierte sei in seiner Wohnung zu Tode gekommen. Nach sadomasochistischen Sexspielen sei die Frau ohne seine Schuld gestorben. Vermutlich erstickt. Die Leiche habe er aus Angst vor der Polizei und dem »Gerede in der Nachbarschaft« erst zerstückelt und dann in Müllcontainern in der Stadt verteilt.

Alles gab er zu – nur den Mord nicht. Selbst die Zerteilung der Toten hatte sich so bestätigt, wie Staatsanwaltschaft und Experten es anhand von Indizien ermittelten. Doch sagte Schötz jetzt die volle Wahrheit?

Das war die Stunde der Gerichtsmediziner, die nun prüfen mußten, ob die Schötz-Version stimmen konnte.

Die Frau war nach Aussage des Angeklagten zwar mit dem Gürtel um den Hals, aber an einer Überdosis Rauschgift gestorben. Das sei schlechterdings unmöglich. Derart stranguliert,hätte die Frau nicht mehr telefonieren oder ins Bad gehen können.

Wieder war es Schötz, der die Presse mit Schlagzeilen versorgte. Zur Eindämmung seines Sexualtriebes habe er Antibabypillen geschluckt. Als Arzt wäre er zu stolz gewesen, sich in Behandlung zu begeben und habe sich selbst eine Therapie verordnet. Er wollte sich in Eigenbehandlung vor Gewaltausübung gegen Frauen schützen. Die Pille enthalte Wirkstoffe, die in Medikamenten zur Vorbeugung bei Triebtätern eingesetzt werde.

Gab es noch etwas, das Zweifel an der Schuld des Angeklagten aufkommen lassen würde?

Staatsanwalt Helmut Schröder hatte den Fall zu seiner persönlichen Sache gemacht, er wollte einen gefährlichen Triebtäter zu Strecke bringen. Für einen Mann, der sich selbst in diese ausweglose Lage gebracht hat, konnte es kein Erbarmen geben. Deshalb beantragte er in seinem Plädoyer am 2. Mai wegen Mordes und vier Mordversuchen an Prostituierten lebenslänglich für den 37jährigen Arzt. Er sei ein »Mörder ohne eine Spur von Reue und Einsicht«, der nach einer siebenjährigen Haft in eine psychiatrische Anstalt eingewiesen werden müsse. Schötz habe »schizoide und psychopathologische sexuelle Defizite« und sei eine Gefahr für die Allgemeinheit. Der Mediziner sei ein hochgradig gefährlicher Serientäter.

Schröder benötigte zwei Tage für seine Ausführungen. Er vertrat die Ansicht, daß sich Schötz »selbstverschuldet in den Abgrund von Mord und Mordversuch gestürzt« habe. Aus Eitelkeit habe der aus einer Bonner Akademikerfamilie stammende Mediziner nicht Hilfe bei einem Psychiater gesucht.

Die Verteidigung sah das Geschehen grundsätzlich anders. Rechtsanwalt Kurt-Dieter Stave nannte es eine menschliche Tragödie, die Schötz heimgesucht hatte. Die einzelnen Anklagepunkte wies er zurück. In zwei der angeklagten Mordversuchsfälle habe Schötz bewußt die Tat nicht ausgeführt. Also entfalle der Mordversuchsvorwurf. Stave plädierte für seinen Mandanten auf Freispruch. Er holte zum Rundumschlag gegen Polizei und Staatsanwaltschaft aus. Die Polizei habe sich teilweise »Unverschämtheiten« geleistet, der Staatsanwalt sei »überheblich und arrogant«. Zum eigentlichen Mordvorwurf kam er nicht, statt dessen versuchte er Ende Mai eine Wende herbeizuführen. Mit zahlreichen Anträgen zwang er das Gericht, erneut in die Beweisaufnahme einzutreten. Das verschwundene Mädchen könne auch auch an einer allergischen Schockreaktion nach Medikamenteneinnahme und Drogen gestorben sein. Stave wollte beweisen, daß das Mädchen einige Zeit vor seinem Tod bereits in einer Nervenklinik wegen einer Überreaktion bei Drogen hatte behandelt werden müssen. Doch der erste Zeuge, der die These Staves bestätigen sollte, erwies sich als Fehlbesetzung. Ein Häftling, der der Verschwundenen Drogenabhängigkeit attestieren sollte, sprach von einer völlig anderen Frau.

Einen weiteren Antrag der Verteidigung lehnte die Strafkammer ab: Ein medizinisches Gutachten, wonach Sieglinde nach einem allergischen Schock auf natürliche Weise ums Leben gekommen sein könnte. Da es nur Fotos von dem Mädchen gebe, könne die Todesursache nicht mehr exakt ermittelt werden.

Damit vertagte sich das Gericht.

Der Schötz-Prozeß verkam zu einer wahren Schmierenkomödie. Der Angeklagte holte zu gewaltigen Erklärungen aus, fand farbige Bilder zur Beschreibung seiner Persönlichkeit. So verglich er sich mit der Romanfigur des Kapitän Ahab auf der Jagd nach Moby Dick. Ähnlich wie dieser sei er gehetzt gewesen auf seiner Jagd nach Glück und der

Überwindung der Leere in seinem Leben. Auch Kleist machte er zum Kronzeugen und beschrieb blumenreich den schmalen Pfad zwischen Genie und Wahnsinn.

Immer wieder beteuerte er, kein Mensch von Gewalt zu sein. Nachdem er sich zunächst vehement dagegen ausgesprochen hatte, als »Verrückter« lebenslänglich in eine Klinik eingewiesen zu werden und lieber als »normaler« Mörder behandelt werden wollte, drehte er erneut den Spieß um und sah für sich den richtigen Platz in einer psychiatrischen Einrichtung.

Und so blieb nur noch zu entscheiden zwischen verminderter Schuldfähigkeit, die eine Bestrafung mit anschließender Sicherungsverwahrung nach sich ziehen würde, oder völliger Schuldunfähigkeit mit lebenslanger Einweisung in eine geschlossene Anstalt. Die Staatsanwaltschaft hatte – egal wie das Urteil ausfiel – ihr Ziel erreicht.

Tödlicher Tritt

Nicht selten ist im Umfeld eines Verbrechens zu hören: »Dem hätte ich eine solche Tat nicht zugetraut. Es ist doch ein ganz freundlicher und bescheidener Mensch. Er war immer hilfsbereit und anständig.« Gern versucht man, vom Äußeren, vom Auftreten und Habitus her, auf den Charakter oder die Tat zu schließen. Es mag Fälle geben, bei denen die Physiognomie eines Täters als »passend« zu seiner Tat gesehen wird, doch selbstverständlich ist es so einfach nicht, ist auch die Erscheinung eines Mörders oder Totschlägers normalerweise die eines Alltagsmenschen. Lautet eine Anklage auf Körperverletzung mit Todesfolge, ist nicht selten zu beobachten, daß Besucher der Verhandlung verwundert oder enttäuscht sind, wenn sie keinen üblen Schlägertypen mit brutalen Gesichtszügen, großen Pranken, wilden Tätowierungen erblicken.

Mit Friedrich Wolters (17 Jahre) und Donald Pfeiffer (18 Jahre), zwei Treptower Jungs, standen am 2. und 4. Juni 1997 zwei nette, fast schmächtige Burschen vor Gericht, die den Eindruck erweckten, sie könnten keiner Fliege etwas zuleide tun. Voller Scham blickten sie zu Boden, versuchten ihre Unsicherheit zu überspielen. Und doch haben sie eine

Tat begangen, die durch Kälte und Menschenverachtung erschaudern läßt.

Der Vorfall ereignete sich am 15. November 1996 auf dem S-Bahnhof Friedrichstraße gegen 20 Uhr.

Ein stämmiger Mann stieg, offensichtlich verärgert, aus dem S-Bahn-Zug. Eine Gruppe Jugendlicher, so ist später zu erfahren, hatte im Zug mächtig Rabatz gemacht und dabei Alkohol konsumiert. Friedrich war an diesem Tage 17 geworden, und er ließ mit grellen Pfiffen und Gebrüll den ganzen Waggon an der Freude seiner weiteren Erwachsenwerdung teilhaben.

Den 51jährigen Angestellten der Berliner Wasserwerke, Klaus-Dieter Fenske, störte dieser Lärm mächtig. Doch er wollte keinen Streit vom Zaume brechen, denn er wußte um die Unberechenbarkeit einer alkoholisierten Horde. Als die jungen Leute den einzelnen Fahrgast bemerkten, legten sie noch zu. Schließlich reichte es dem geduldigen Buchhalter und er mahnte sachlich, aber bestimmt Ruhe an. Das stachelte die Gruppe nur noch weiter an. Mit dem Einfahren des Zuges schien sich das Problem jedoch gelöst zu haben. Als Fenske die S-Bahn verließ, schleuderte ihm die angetrunkene Horde noch ein paar Unflätigkeiten hinterher.

Keiner der Beobachter dieser fast alltäglichen Szene ahnte, was in den nächsten Sekunden geschehen sollte. Offensichtlich provoziert dadurch, daß sich der Mann nicht weiter um die Jugendlichen kümmerte, sprang die Meute vor Abfahrt des Zuges aus dem Abteil. Friedrich und

Donald hetzten dem Mann hinterher, der sich inzwischen auf der Treppe befand. Jeanine Berger und Siggi Kröger, zwei Mädchen aus dem Trupp, ahnten die Gefahr und stürzten hinterher, um die unbeherrschten Jungen zu beschwichtigen. Doch als sie die Treppe erreicht hatten, war es zu spät.

Friedrich hatte den Mann auf dem Podest auf halber Höhe eingeholt. Dieser drehte sich um, als er die hastenden Schritte hörte. Zur Gegenwehr kam er nicht mehr. Ein harter Fußtritt traf ihn in den Magen. Er stürzte die Treppe hinunter, schlug mit dem Hinterkopf auf den Betonfußboden. Für die Jungs war der Vorfall aber noch nicht beendet. Sie schlugen weiter auf ihn ein und bespuckten das wehrlose Opfer. Als sie merkten, daß sich der Mann nicht mehr bewegte, ließen sie von ihm ab und standen unbeholfen herum. Sie hatten den Ernst der Lage noch nicht erfaßt. Eine Wachschutzgruppe war schon zur Stelle. Als sie begriffen und die Flucht antreten wollten, traf auch noch eine Gruppe der Guardian Angels, jener freiwilligen Jugendgruppe, die in Zügen und auf Bahnhöfen die Sicherheit erhöhen will, am Ort des Geschehens ein. Friedrich wurde sofort gepackt, Donald konnte zunächst türmen und sich in einer Telefonzelle verschanzen. Als er die Sinnlosigkeit seines Tuns erkannte, gab er schließlich auf.

Noch in derselben Nacht kamen sie in Untersuchungshaft.

Durch den Aufprall erlitt Klaus-Dieter Fenske einen Schädelbasisbruch, fiel ins Koma und starb nach zwölf Tagen im Krankenhaus an den Folgen der Kopfverletzung, ohne das Bewußtsein wiederzuerlangen.

Es folgte die bei der Schwere des Geschehens übliche Prozedur. Die Staatsanwaltschaft erließ Haftbefehl, die Polizei nahm die Ermittlungen auf. Sie mündeten in die Anklage der beiden Jungen auf Körperverletzung mit Todesfolge.

Daß sie in den Monaten des Aufenthalts hinter Gittern wenig gelernt hatten, bewiesen ihre Aussagen vor Gericht. Nach ihren Schilderungen hätten sie sich im Zug recht gesittet benommen und seien von dem späteren Opfer nur provoziert worden. Ständig hätte der 105-Kilo-Mann, der offensichtlich alkoholisiert gewesen sei, ihnen Schläge angeboten und sie übel beschimpft. Man sei nur hinterhergelaufen, um ihn zur Rede zu stellen. Der Mann hätte eine Ohrfeige ausgeteilt, Friedrich sei dadurch ins Trudeln geraten, gegen den Mann gestolpert, der dann die Treppe heruntergefallen war. Natürlich bedauerten sie den Tod, doch träfe sie keine rechte Schuld. Ihre Mitschuld an dem Tod des Mannes räumten sie mit den Worten ein: »Was wir gemacht haben, war Scheiße.«

Ein Unfall also, ein tragisches Mißgeschick, das durch eine Verkettung unglücklicher Umstände zum Tode eines Menschen führte. Möglich, wären da nicht die Zeugenaussagen anderer Passanten, die das Geschehen genau beobachtet hatten. Die gaben ein völlig anderes Bild vom Tathergang. Danach habe Friedrich ganz bewußt und ohne Not zugetreten. Ein Zeuge kann irren, doch die drei Zeugen machten aus unterschiedlichen Positionen ähnliche Beobachtungen. Die fügten sich zusammen zu einer außerordentlich brutalen Tat.

Deshalb erging am 4. Juni im Namen des Volkes der Schuldspruch wegen Körperverletzung mit Todesfolge: Jugendstrafen von drei Jahren und sechs Monaten beziehungsweise zwei Jahren und neun Monaten. Die 21. Große Strafkammer des Landgerichts Berlin sah die beiden als überführt an, Klaus-Dieter Fenske die Bahnhofs-Treppe hinuntergestürzt zu haben. Strafverschärfend wurde gewertet, daß sie am Vortage einem anderen Mann mit schweren Faustschlägen die Nase zertrümmert und in einer weiteren Schlägerei einen Jugendlichen krankenhausreif geschlagen hatten.

Auch das Vorleben der beiden dürfte zu der energischen Verurteilung beigetragen haben. Trotz ihrer Jugend hatten die beiden ein Vorstrafenregister vorzuweisen, das seinesgleichen sucht. Immer wieder hatten Richter Warnungen ausgesprochen und an die jeweiligen Bewährungsstrafen die Hoffnung auf Wandel geknüpft. Würden heute noch Kaderakten nach DDR-Muster existieren, wäre bei Friedrich Wolters und Donald Pfeiffer sicherlich vermerkt, daß beide aus einem asozialen Elternhaus stammten, daß sie schwererziehbare Kinder waren, die die Normen der sozialistischen Moral mit Füßen traten. Vermutlich wären sie in einem Jugendwerkhof gelandet, hätten gleich zu Beginn ihrer kriminellen Karriere hohe Strafen bekommen, um dann fest in die Arme der Jugendhilfe genommen zu werden. Man mag darüber spekulieren, ob eine härtere

Bestrafung für sie ein deutlicheres Warnsignal gesetzt oder sie noch schneller in den kriminellen Strudel hinabgerissen hätte.

Tatsache bleibt, daß alle bisherigen Strafandrohungen, Strafen und moralischen Appelle nichts bewirkt hatten. Sie erlebten als Kinder den Niedergang der DDR, als Jugendliche den Umbruch und den Fall vorhandener Wertvorstellungen. Ihr familiäres Umfeld war gestört, die Väter Alkoholiker, die Mütter mit der Last des Haushaltes, der Enge des Geldbeutels total überfordert. Friedrich lernte diverse Berliner Frauenhäuser kennen, in die sich seine Mutter nach Schlägen des Vaters flüchtete. Familiäre Wärme und Geborgenheit waren für ihn fremde Begriffe. Auch in der Verwandtschaft gab es niemanden, dem sich der Junge hätte anvertrauen können. Niemand hatte Zeit für ihn. Für Friedrich war die Schule stets ein Fremdkörper, den er gezwungenermaßen als Bestandteil seines Lebens annehmen mußte, die Lehrer seine Feinde, die ihn nur drangsalieren wollten. Er war klein, schmächtig und hatte vom ersten Tage an Schwierigkeiten, die geforderten Leistungen zu bringen. Freundschaft mit anderen fand er nicht, er war ein Einzelgänger. Die Straße war sein Element. Mehrfach türmte er von Zuhause und kehrte nach zwei, drei Tagen zurück, wenn ihm das Geld ausgegangen war. In dem Geflecht von Gefühlen der Zurücksetzung, Unsicherheit und Orientierungslosigkeit fand er seinen Weg nicht.

Praktisch über Nacht waren für ihn die Segnungen der Konsumgesellschaft hereingebrochen.

Prallvolle Geschäfte und flimmernde Reklame auf der einen und eng begrenzte materielle Möglichkeiten auf der anderen drängten ihn in eine Ecke, aus der er nicht mehr herauskam. Er wollte teilhaben an den Segnungen des materiellen Überflusses. Das konnte er nur, indem er freizügig mit dem Besitz anderer umging. Mit dreizehn Jahren die erste Serie kleinerer Raubzüge. Besonders hatte er es auf Kinder abgesehen, die ihm körperlich unterlegen waren. Sah er eine Chance, drückte er sie an die Wand und forderte die Herausgabe von Geld, Uhren, Rucksäcken oder Kleidung.

Der »Durchbruch« zur kriminellen Karriere gelang 1995 in einem betreuten Wohnprojekt in Pankow. Statt Wohngemeinschaft hätte man eher von Bildung einer kriminellen Vereinigung sprechen können. Die Jungs waren in ihrem Element. Jeden Tag saßen sie zusammen und berieten, wo und wie sie das »nächste Ding drehen« konnten. Die Gerichte kamen mit dem Be- und Verhandeln nicht mehr nach.

In sechzig bzw. achtzig Fällen wurde gegen die Mitglieder der Wohngemeinschaft ermittelt. Ladendiebstahl, Autoklau, Fahren ohne Fahrerlaubnis, Brutalitäten gegen Mitbürger. Eine wirkungsvolle Verurteilung erfolgte nicht. Bewährungsstrafen, Verurteilung zu gemeinnütziger Arbeit, Einstellung der Verfahren wegen Geringfügigkeit. Den Vertretern der Jugendhilfe und den Bewährungshelfern versprachen sie immer wieder Besserung.

Auch im jetzigen Gutachten sieht die Jugendhilfe noch Chancen für die Jugendlichen. Der Vorsitzende Richter Heinz-Jochen Steel verwies auf das erschreckende Register an Vorstrafen beider Angeklagter, die zur Tatzeit zwar nicht volltrunken waren, aber doch unter erheblichem Alkoholeinfluß standen. Blutuntersuchungen zwei Stunden nach der Tat hatten immerhin noch einen Alkoholwert von 1,1 bzw. 1,2 Promille ergeben.

Das Gericht sah sich außerstande, erneut eine Bewährungsstrafe auszusprechen. Das Urteil solle auch abschreckende Wirkung haben, denn die Gewaltkriminalität bei Jugendlichen entwickle sich zu einer Seuche, die nicht zu stoppen sei.

So stieg die Zahl tatverdächtiger Kinder 1996 im Vergleich zu 95 um 12,3 Prozent auf 131 010 Fälle. Bei Jugendlichen gab es eine Steigerung um 9,1 Prozent auf 277 479 Fälle. Bei den Erwachsenen betrug die Steigerungsrate hingegen nur 2,9 Prozent. Die Täter werden immer jünger, die Hemmschwelle für Gewalt sinke. »Öffentliche Verkehrsmittel müssen von Straftaten freigehalten werden«, der Bürger müsse sich dort sicher fühlen, erklärte der Richter. Viele Berliner hätten Angst, mit der Bahn zu fahren. Das liege an solchen Randalierern wie Friedrich und Donald. Die S-Bahn dürfe nicht zum Jagdrevier von jugendlichen Gewalttätern werden.

Mit einem strengen Urteil wolle das Gericht ein Zeichen setzen, erklärte der Vorsitzende Richter.

Der Urteilsverkündung hörten Siegfried und Donald mit gesenkten Köpfen zu. Als klar wurde, daß sie für längere Zeit hinter Gitter müssen, fing der Siebzehnjährige hemmungslos zu heulen an. Ob das das erste Aufflackern von Reue war?

Schüsse im Suff

Da sitzt er, dieser 120 Kilo-Mann und kann es immer noch nicht fassen, was da geschehen ist. Er weiß von nichts, weint still vor sich hin und ist minutenlang nicht in der Lage, einen Satz herauszubringen. Immer wieder ist er vom Selbstmitleid überwältigt, und das geduldige Gericht läßt sich Zeit. Er läßt seine Zähne einen Kaugummi kauen, als wolle er sich damit ablenken von der Verhandlung. Seine einfache Schlossermontur vermittelt den Eindruck, als käme er gerade vom Bau.

Hartmut Gustav Werner Dallberger ist sichtlich am Rande eins Zusammenbruchs, mit den Nerven am Ende, denn er hat einen Mann erschossen und zwei weitere schwer verletzt. Dallberger ist kein eiskalter Killer. Auch kein Totschläger, der aus der Bedrängnis heraus zum Befreiungsschlag angesetzt hat. Er ist Alkoholiker. Und als Alkoholiker wird er verurteilt, nicht als Mörder.

Die Tat vom 8. Mai 1996 bewegte die Öffentlichkeit mehr als die üblichen Bluttaten, weil die Opfer junge Polizisten waren.

Was an dem Tag gegen 14.20 Uhr geschah, das muß sich Dallberger von Staatsanwalt Jörn Riebach am 7. Februar 1997 vor der 19. Großen Strafkammer hinter Panzerglas anhören. Er hatte zum Zeitpunkt der Tat einen totalen Filmriß. Durch die Anklage weiß er, was die Staatsanwaltschaft ihm vorwirft:

Die drei Polizisten in Zivil waren an jenem Tage mit einem Privatfahrzeug von der Polizeifachschule in Biesdorf auf dem Nachhauseweg. Auf der Rhinstraße in Marzahn bemerkten sie einen Wartburg, der sich in Schlangenlinien über das Pflaster bewegte. Auch eine auf Rot geschaltete Ampel hielt das Gefährt nicht auf. Irgend etwas stimmte mit dem Fahrer nicht. War er krank? Hatte er einen Herzinfarkt erlitten? Den Polizisten war klar, da saß ein Mann am Steuer, der eine akute Gefahr für sich und die Mitmenschen darstellte. Was sie nicht wußten: Der Fahrer war sternhagelvoll und mit einer scharfen Pistole bewaffnet.

Als sie ihn stoppten, fuhr Dallberger auch an den Straßenrand und hielt an. Während Polizeimeister Michael Seidel die nächste Telefonzelle ansteuerte, um einen Funkwagen herbeizurufen, forderten die anderen Polizeiobermeister Victor Rosen und Martin Sodann den Unbekannten auf, sich auszuweisen. Stärker wollten sie gar nicht in das Geschehen eingreifen und die weiteren Schritte den angeforderten Polizisten im Dienst überlassen. Daß der Mann nicht nüchtern war, hatten sie sofort erkannt. Trotzdem schien es eine normal verlaufende Verkehrskontrolle zu werden, doch völlig unvermittelt zog Dallberger seine 6,35 mm Pistole aus der Tasche und feuerte mit dem Ruf: »Dann müssen wir das anders regeln, und ich muß euch erschießen«, auf

Seidel und Sodann. Dann richtete er die Waffe auf Rosen und tötete ihn mit einem Herzschuß. Trotz seiner schweren Verletzung gelang es Seidel, dem Schützen die Pistole aus der Hand zu reißen und ihn zu überwältigen. Auch Dallberger hatte sich bei der Aktion am Kopf verletzt. Er wurde ins Krankenhaus Friedrichshain eingeliefert, wo er medizinisch versorgt und auch der Alkoholtest vorgenommen wurde. Anschließend kam er in Untersuchungshaft in die Ausnüchterungszelle.

Der Alkoholschnelltest wies eine Blutalkoholkonzentration von 3,37 Promille vor. Das bedeutete, er war für die Tat im juristischen Sinne nicht verantwortlich, weil er sich in einem Rauschzustand befand. Da er selbst entschieden hatte zu trinken, war es vorsätzlicher Vollrausch. Wegen Mord oder Totschlag konnte er juristisch nicht belangt werden, sondern »nur« wegen »vorsätzlichen Vollrausches«. Hier liegt die Höchststrafe bei fünf Jahren, bei Mord lebenslänglich.

Das Leben des 41jährigen Hartmut Dallberger hat viele Höhen und Tiefen aufzuweisen, neigte sich aber im letzten Jahrzehnt mehr zur schwarzen Seite. Er ist der klassische Fall eines Verlierers der deutschen Einheit. Kein Systemtreuer, kein politisch engagierter Mensch, ein Durchschnittsbürger, doch unbrauchbar nach den Gesetzen des gnadenlosen Marktes.

Im brandenburgischen Wittstock an der Dosse zur Welt gekommen, schaffte er den beschwerlichen Weg von einem Dorfkind zu einem angesehenen

Ingenieur. Das kleine Dorf Kossow mit 250 Seelen war seine Heimat, zu der er eine Art Haßliebe entwickelt hatte. Dort lebten seine Eltern und sein behinderter Bruder. Fühlte er sich schuldig, als sein Bruder die Kellertreppe herunterfiel und sich bleibende Verletzungen zuzog? Hat dieses Erlebnis seine Gefühle geprägt? Die Dörfler konnten jedenfalls nur das Beste über ihren Hartmut berichten. Er hatte sich aufopferungsvoll um seinen drei Jahre jüngeren Bruder gekümmert.

Einerseits war hier sein Zuhause, andererseits wollte er raus aus der miefigen Enge des dörflichen Alltags. Fast wäre er als Schüler damals schon ins Abseits geraten, denn seine Bastelleidenschaft hatte ihn verleitet, einen Feuerwerkskörper zu bauen, doch das explosive Gerät, gefüllt mit Unkraut-Ex und Watte, glich eher einer Bombe. Er wurde erwischt und von einem DDR-Gericht zu einem Jahr Haft verurteilt, die er auch absaß.

Vor den bundesdeutschen Augen Justitias wollte er sich als Opfer von Stalinismus und Stasi präsentieren. Doch das Gericht schenkte der Widerstandskämpfer-Version keinen Glauben.

In Schwerin hatte er nach Schule und Gefängnis ein Technikstudium aufgenommen, daß er erfolgreich als Ingenieur beendete. Nun hatte er die Chance, der Einöde des Dorfes zu entrinnen. In Berlin stellte ihn ein Getränkekombinat zur Wartung der Anlagen ein. Er wurde Schichtleiter in dem Betrieb. Als sein Vater 1987 starb, wäre er fast wieder ins Dorf gezogen. Doch er blieb in Berlin. Will man seinen Worten Glauben schenken, so war er während der Arbeit in der Brauerei der einzig Nüchterne. Das Bier floß in Strömen, nur Dallberger widerstand den Versuchungen. Dafür widmete er sich an den Wochenenden – angewidert vom Gerstensaft – mehr dem Rotwein. Viele Freunde hatte er nicht, und auch keine Frau.

Sein Leben sollte eine Wende nehmen, als er die Bibliothekarin Karina kennenlernte. Sie wurden ein Paar ohne Trauschein. Als Sohn Albert zur Welt kam, schien die Familie auf der Sonnenseite des Lebens angelangt. Dallberger kümmerte sich viel um den Jungen, nahm ihn mit ins Grüne zu seinen Lieblingsplätzen am See, denn Angeln war seine große Leidenschaft. Anfangs begleitete Karina sie noch, doch irgendwann langweilte es sie. Sie zog sich zu ihren Büchern zurück. Albert war ein geduldiger Angel-Partner. Während der Vater auf die Pose stierte, eroberte er sich die Wälder.

Doch Dallbergers Hang zum Alkohol hatte zu diesem Zeitpunkt schon zu ersten familiären Mißstimmungen geführt. Allabendlich trank er und mochte nicht, was Karina so sehr suchte und brauchte, in Gespräch und Gedankenaustausch mit ihr treten. Man lebte sich langsam aber sicher auseinander. Mit dem Ende der DDR war auch der Niedergang der Familie nicht mehr aufzuhalten. Dallberger gehörte zu den ersten, die entlassen wurden, als aus dem VEB eine Tochtergesellschaft wurde. Man brauchte billige Arbeitskräfte und keine hochdotierten Ingenieure.

Mit sinkendem Einkommen stieg sein Alkoholkonsum. Dallberger taumelte von Arbeitslosigkeit zu ABM, von ABM zu Arbeitslosigkeit, absolvierte Kurzlehrgänge, ließ sich zum Computermann umschulen. In dem zermürbenden Alltag blieb die Familie auf der Strecke. Er hielt Karina nur noch für eine »intellektuelle Spinnerin«, sie ihn für einen »dumpfen Pichler«; man war froh, einander los zu sein.

Den nächsten Einschnitt sollte eine Veranstaltung auf dem Alexanderplatz bringen. In der dortigen Kongreßhalle findet alljährlich eine Waffenbörse statt. Er war begeistert, Waffen hatten es ihm angetan, seine Augen funkelten beim Anblick dieser mörderischen Köstbarkeiten. Er kannte seine Bastlertalente und beschloß, diese ganz in den Dienst der einheimischen Waffenindustrie zu stellen. In seiner Freizeit fummelte er an alten, rostigen Gerätschaften, polierte sie auf, machte sie funktionstüchtig. Dann kam ihm die Idee, die Schießgeräte für den Sammler zu versilbern. Doch das Projekt, gemeinsam mit einem Kumpel eine Galvanisierungsanlage aufzubauen, schlug fehl. Das Geld reichte nicht.

Eines Tages, so entwickelten sich seine Erzählungen vor Gericht, seien zwei Herren bei ihm aufgetaucht, die Russisch gesprochen hätten. Von ihnen habe er den Auftrag erhalten, eine Waffe wiederherzurichten. Damit waren die finsteren Mächte herbeizitiert, war die Russen-Mafia ins Spiel gebracht. Sie hätten gedroht und ihn gezwungen, gefügig Waffen umzuarbeiten. Da habe er halt angefangen, aus unbrauchbaren wieder brauchbare Schießeisen zu basteln. Immer wieder hätten die bösen Männer an seine Tür geklopft. »Freiwillig, das schwöre ich, hätte ich das nie getan.« Doch die Geschichte kam nicht gut an beim Auditorium, der Schwur verhallte im Gerichtssaal.

Den letzten Tiefschlag erhielt er einen Monat vor der Tat. In seiner Garage im Heimatdorf hatte er sich eine kleine Werkstatt eingerichtet. Er tat, was er immer tat: er bastelte. Doch dann flog ihm ein Metallteil seiner Bohrmaschine um die Ohren. Ein Daumen wurde abgetrennt, das rechte Auge erblindete. Das gab ihm zweifellos den Rest. In dieser Gesellschaft, das wußte er, würde er keinen Platz mehr finden. Mit 41 am Ende. Das trieb ihn nun fast täglich zur Flasche.

Mit Spannung wurden die Ausführungen des Gutachters Prof. Doktor Hans-Lutz Krübing erwartet. Wie war es möglich, daß ein Mensch bei so hohem Alkoholisierungsgrad scheinbar »normale« Aktivitäten vornahm und dann wieder völlig weggetreten war? Oder hatte Dallberger nur den Unwissenden gespielt, als der Tathergang rekonstruiert wurde? Suchte er sich hinter seiner hochprozentigen Besinnungslosigkeit zu verstecken?

»Zum Zeitpunkt der Tat befand sich der Mann im Zustand einer akuten krankhaften seelischen Störung, da er im Rahmen einer massiven alkoholischen Berauschung allem Anschein nach eine qualitativ abnorme, paranoid-halluzinatorische Symptomatik entwickelt hatte.« So heißt es in der gutachterlichen Stellungnahme des Professors. Mit anderen Worten: Zum Zeitpunkt der Tat war Dallberger nicht zurechnungsfähig. Das sei kein Widerspruch zu der Tatsache, daß zwischendurch »immer wieder Phasen relativer Klarheit und Realitätsangepaßtheit« eingetreten wären. So könnte es auch in dem Moment gewesen sein, als Dallberger von den drei Polizisten angehalten wurde und sich ausweisen sollte. Vielleicht suchte er seine Papiere und fand seine Pistole. Was wäre geschehen, hätten die drei Opfer in dem Moment, als sie die Pistole sahen, Schutz gesucht? Zu schnellen Angriffsreaktionen wäre der Wartburg-Fahrer nicht fähig gewesen. Möglicherweise hätte er resigniert, wäre dann aber zu einer Gefahr für andere geworden, wenn er sich erneut ans Steuer gesetzt hätte und geflüchtet wäre. Der Tathergang war jedoch so, daß die Opfer keine Gelegenheit hatten, sich auf die Situation einzustellen. Der Täter gab völlig überraschend und aus nächster Nähe vier Schüsse ab, die alle trafen.

Die Frage,wie ein volltrunkener Mensch über die Schußqualitäten eines Sportschützen verfügen kann, ist wieder mit jenem möglichen Nebeneinander von hochkonzentrierten Momenten und völliger Unzurechnungsfähigkeit zu erklären. Nach den Schüssen war er zusammengebrochen, so daß der schwerverletzte Polizist ihm die Waffe abnehmen konnte.

Doch die Polizisten hätten nicht Opfer eines Alkoholikers werden müssen, wenn an diesem Tage einige Mitbürger couragierter reagiert hätten. Denn bevor Dallberger zu seiner mörderischen Tour ansetzte, hatten mehrere Menschen die Mordwaffe zu Gesicht bekommen. Erster Anlaufpunkt war in den Morgenstunden die Gesellschaft für Arbeitsförderung in Marzahn. In dieser ABM war er seit einiger Zeit beschäftigt. An jenem 8. Mai traf er vormittags dort ein, um seinen Krankenschein abzugeben. Dabei trank er mit einigen Kollegen im Frühstücksraum etliche Schluck Rotwein, obwohl er erkennbar schon mächtig angeschlagen war. Auch dort zog er völlig unmotiviert die Pistole heraus und zeigte sie herum. Die Kollegen nahmen »das Ding« nicht sonderlich ernst. Als einer ihn mit der »Spielzeugpistole« aufziehen wollte, gab Dallberger zwei Schüsse in die Luft ab. Das war der Moment, da es einigen Kollegen »mächtig mulmig« wurde. Doch niemand informierte die Polizei, keiner erkannte die Gefahren, die von dem Betrunkenen für seine Umwelt ausgingen.

Später hatte er an einer Imbißbude eine Currywurst bestellt und dabei die Pistole auf den Tisch gelegt. Der Imbißbudenmann nahm es offensichtlich als Selbstverständlichkeit, daß ein Mordwerkzeug auf seinem Eßtisch lag.

Nächste Station war gegen 13.30 Uhr das Gelände des TÜV in Marzahn. Er torkelte in das Büro und wollte seine Fahrerlaubnis aus DDR-Zeiten gegen einen bundesdeutschen Führerschein umwechseln. Auf den Hinweis, daß dies nur die örtlichen Behörden vornehmen könnten, zog Dallberger sein Schießeisen, fuchtelte wild in der Luft umher und zog fluchend ab. Auch hier: Keine Reaktion durch die TÜV-Leute, kein Anruf bei der Polizei. Wäre der Polizei rechtzeitig bekannt gewesen, daß ein bewaffneter Betrunkener durch die Stadt zieht, wäre dieser Vorfall vielleicht zu verhindern gewesen. Denn immerhin hatten Mann und Fahrzeug schon ein Jahr zuvor für polizeiliches Aufsehen gesorgt.

Es war der 24. Juni 1995, als Dallberger in der Marzahner Kneipe »Sandino Eck« wieder kräftig einen über den Durst getrunken hatte. Er prahlte mit verschiedenen Waffenteilen, die er herumreichte. Er könne mit Leichtigkeit aus harmlosen Schreckschußwaffen scharfe Pistolen machen. Das war dem Kneipenbetreiber nicht geheuer, und er alarmierte die Polizei. Die rückte mit einem Sondereinsatzkommando an und nahm den betrunkenen Waffenbastler ins Visier. Nachdem die SEK-Kräfte den Mann beobachtet hatten, stürmten sie seine Wohnung und nahmen ihn fest. Bei der Durchsuchung der Wohnung und des Wartburg kam ein ganzes Waffen- und Munitionslager ans Tageslicht. Gleichzeitig beschlagnahmte die Polizei umfängliche Unterlagen über den Bau von Kriegsgerät. Dallberger wurde vernommen, angeklagt, doch nicht verurteilt. Das Verfahren wurde eingestellt. Niemand kümmerte sich um den Mann, der offensichtlich einen krankhaften Hang zu Feuerwaffen hatte.

Das Gericht verurteilte Dallberger am 18. Februar 1997 zu einer Freiheitsstrafe von sieben Jahren Haft. Vier Jahre und neun Monate bekam er für die Vollrauschtat, wenig unter der Höchststrafe von fünf Jahren. Zusätzlich erhielt er eine dreijährige Verurteilung wegen illegalen Waffenbesitzes. Daraus formte das Gericht dann eine Gesamtstrafe von sieben Jahren. Der Vollrauschparagraph im Strafgesetzbuch machte dieses verhältnismäßig geringe Strafmaß möglich.

Die Schüsse des Dallberger nahm die Justiz zum Anlaß, intensiver über den Paragraphen nachzudenken und seine Verschärfung zu fordern. Ob und wann es jedoch geschehen wird, steht in den Sternen; und genauso, ob eine Verschärfung tatsächlich den gewünschten Effekt – weniger Straftaten unter Alkohol – bringen wird.

Bei drei Promille liegt die Vollrausch-Grenze, doch jeder Mensch reagiert auf Alkohol unterschiedlich. Es können nach Auffassung der Gutachter auch weit weniger Mengen genügen, um den Geist hoffnungslos auszuschalten.

Das Urteil löste unter den Zuschauern im Gerichtssaal – vor allem bei den Kollegen des Getöteten – heftige Proteste aus. Wird ein Mann noch belohnt, weil er seine Bluttat im Suff begangen hat?

Immer wieder beteuerte Dallberger seine tiefe Reue. Er wolle mit Organspenden sein Unrecht tilgen, ließ er über seinen Anwalt erklären. Doch die Tat kann er damit nicht ungeschehen machen.

Qualm aus der Sektflasche

Nicht nur aus der Literatur, sondern auch aus der realen Geschichte, kennt man berühmte Beispiele für Verbrechen aus Leidenschaft, Verbrechen aus Liebe. Besonders dann, wenn ein Dritter oder eine Dritte im Spiel ist, kann das Beziehungskarussell dramatische Runden drehen.

Der 52jährige Dieter Gronnigen scheint jedoch alles andere als ein rasender Othello zu sein. Sieht man ihn auf der Anklagebank sitzen, traut man ihm eher die qualifizierte Wasserflohzucht zu als einen Mordversuch.

Brav und bieder schaut er drein, als er am 3. Juni 1997 vor der 31. Großen Strafkammer des Berliner Landgericht die Anklage hört. Er setzt ein freundliches Lächeln auf, als er in die Zuhörerreihen blickt. Wahrscheinlich erfaßt er die Dimensionen der ungeheuerlichen Anklage der Staatsanwaltschaft nicht einmal. Doch die Untersuchungshaft hätte ihn eigentlich eines Besseren belehren müssen; es ist bitterer Ernst.

Dieter Gronnigen schüttelt zu den Worten des Anklagevertreters immer wieder den Kopf. Er soll einen Mordversuch begangen haben, der gottlob erfolglos verlief.

Im Januar 1995 bastelte der Dieter Gronnigen, Mitarbeiter der Berliner Wasserwerke, aus Schwarzpulver, Munition, Elektroden und Batterien einen Sprengsatz in einer Champagnerflasche. Die Flasche steckte er in die Originalverpackung und verschickte das Paket mit der Post an den verhaßten Nebenbuhler. Mit dieser mörderischen Schachtel wollte Dieter seinen Konkurrenten außer Gefecht setzen, ihn schlicht und einfach in die Luft sprengen, ist die Überzeugung der Staatsanwaltschaft. Der Vorsatz, diesen Mann zu töten, sei gegeben. Daß der 46jährige Gegenspieler Alois Rumbacher noch unter den Lebenden weilt, sei der Vorsicht des Empfängers und der Stümperhaftigkeit der Konstruktion der »Geschenksendung« geschuldet. Der Sprengsatz hätte nicht detonieren können, weil ein Plastikstreifen vom Zünder abgerissen war. Doch Gronnigen habe spekuliert, daß – hätte die präparierte Flasche ihr mörderisches Werk getan – die angebetete Marion wieder in den Schoß des Wasserwerkers zurückgekehrt wäre. Anfang Januar hätte der Angeklagte den konkreten Tatplan gefaßt und diesen dann systematisch umgesetzt.

Dieter Gronnigen, der dann befragt wird, erklärt als erstes, daß er aussagen werde. Er möchte den ganzen Unsinn aus der Welt schaffen.

Dieters familiäre Situation, nach der er gefragt wird, ist etwas wirr. Eigentlich ist er mit Gertraude Gronnigen verheiratet, einer fülligen Dame, die ihrer Gegenspielerin äußerlich in nichts nachsteht.

Wie so oft steht am Anfang der Geschichte eine Kur. 1994 lernten sich Dieter und die Krankenschwester Marion in einem fränkischen Schlammpackungen-Tempel kennen. Es erklang das uralte Lied vom mißverstandenen Ehemann, der von seiner Frau nur drangsaliert wird. Marion Römer, die vier Jahre jüngere Angebetete, hatte ein Einsehen mit dem geknechteten Ehemann und schloß das Unschuldslamm in ihre Arme. Es war Liebe auf den ersten Blick.

So manche derartige Beziehung endet mit der Abreise aus dem Gesundheitsmekka, bei Dieter und Marion kam es anders. Nichts und niemand in der Welt sollte sie mehr auseinanderbringen. Entschlossen packte Dieter seine Koffer und zog zu Marion in ihre bescheidene Zweizimmerwohnung im Berliner Stadtteil Spandau. Das Liebesglück schien grenzenlos. Gemeinsam gingen sie ins Kino, gemeinsam unternahmen sie Wochenendausflüge und gemeinsam gingen sie ins Bett. Doch nach einiger Zeit war die erotische Kraft der Heilpackungen aufgebraucht. Der Liebesfrühling ging nahtlos in den Beziehungsherbst über. Marion wollte nicht mehr. Sie hatte die ständigen Vergleiche mit Dieters Gattin satt, auch wenn sie dabei stets besser abschnitt.

Aus einem Zank wurde eine ganze Zänkerei. Schließlich wollte Marion das Ende. So hatte sie sich die Zweisamkeit nicht vorgestellt. Auch sie hatte schon eine gescheiterte Ehe hinter sich und wollte keinen ehetötenden Alltag mehr erleben, sondern nur noch alles Schöne und Gute.

Kurzentschlossen packte sie im Mai 1994 ihre sieben Sachen und verschwand. In einem Brief erklärte sie ihren Entschluß. Sie wolle klare Fronten und kein Teil einer wie auch immer gearteten Dreierverbindung sein. Da Dieter aber immer noch täglich von seiner Frau redete, sei das für sie Beleg, daß er der alten Ehe nicht entwichen sei.

Da beide keine finanziellen und sonstigen Verpflichtungen gegeneinander eingegangen waren, brachte der Abschied – außer Seelenqualen für den Zurückgebliebenen – keine weiteren Probleme.

Doch Marion hatte die Rechnung ohne ihren Kurschatten gemacht. Für ihn war die Geschichte noch lange nicht erledigt. Hinter diesem Auszug konnte nur ein anderer Mann stecken, einer, der etwas hatte, was er nicht hatte. Aber was? Tag für Tag zermarterte er sein Gehirn und griff öfter zur Flasche. Schließlich beschloß er, Privatdektektiv zu spielen. Er beobachtete Marion auf ihren Wegen und fand schnell heraus, wohin sie gezogen war. Natürlich steckte ein Mann dahinter. Ein Mann, befand Dieter, der dem Vergleich mit ihm nicht standhalten würde. Warum nur war seine geliebte Marion zu diesem Mickerling gezogen? Er verstand die Welt nicht mehr. Wenn er am Abend vor ihrem Fester stand, bis die Lampen im Zimmer oben erloschen, reifte der Entschluß, seine Marion um jeden Preis zurückzuerobern.

Bei der nächsten Gelegenheit fing er sie auf dem Nachhauseweg ab und lud sie ins Café Kranzler ein. Wann sie wieder zu ihm zurückkehren würde? Diese Hoffnung sei das einzige, das ihn noch aufrecht halten würde. Sie könne doch eine Beziehung, die so wunderbar begann, nicht beiseite legen wie ein nasses Handtuch. Doch für die Angebetete war die Beziehung kein nasses Handtuch, sondern einfach beendet. Oder nicht ganz. Marion, das Reh, wie er sie nannte, fand die Konstellation offensichtlich gar nicht so übel, wie sich später vor Gericht herausstellte. Nun konnte sie von dem anderen erzählen und Vergleiche anstellen. Jedes Wort war für Dieter ein Peitschenhieb. Er wollte keine Vergleiche, er wollte Marion zurück. Er versprach ihr das Blaue vom Himmel, wenn sie nur zurückkehren würde. Und Schwester Marion kokettierte damit.

Vor Gericht ist zunächst Dieter an der Reihe. Ja, er habe dem neuen Partner seiner Geliebten, Alois Rumbacher, »einen Schock verpassen wollen, damit er verschwindet«. Aber umbringen, nein. Dazu wäre er gar nicht fähig. Gewalt, in welcher Form auch immer, verabscheue er tief. Er sei nämlich in seinem tiefsten Herzen ein Gemütsmensch, auf Zweisamkeit und Harmonie bedacht. Auf die Gefahren seines Tuns hingewiesen, winkt er lächelnd ab. Er habe Erfahrungen mit dem Basteln, sei sich sicher gewesen, daß nichts passieren würde. Nach seinen Überlegungen sollte Alois das Wunderding auspacken. Beim Abwickeln der Hülle sollte es zischen, damit Alois einen Schreck bekäme, so Dieters naive Erklärung. Für ihn sei es höchstens »grober Unfug« gewesen, ein zugegebenermaßen nicht sehr origineller Jungenstreich. Er habe nur »die Dinge in seinem Sinne klären wollen«.

Das Gericht überzeugt er damit nicht. Wie kann

man mit einer zischenden und qualmenden Flasche eine Frau dazu bewegen, zurückzukehren? Das kann auch Dieter nicht mehr verstehen, aus heutiger Sicht sehe er, wie sinnlos seine Aktion gewesen sei. Deshalb bereue er tief.

Dann tritt Marion auf und will Aufschluß über diese Dreierbeziehung geben. Sie fühlte sich, so scheint es, nicht unwohl in ihrer Rolle als umworbene Frau, und gibt zu, daß sich der brave Wasserwerker bei ihrem Rumgeturtel durchaus noch Hoffnungen machen konnte. Mehrfach hätten sie sich getroffen, doch ein klares »Schluß, aus vorbei« hätte sie nie gesagt. Einmal, berichtet Schwester Marion, hätte sie doch Angst bekommen. Dieter habe ihr und ihren Kindern gedroht, daß etwas ganz Schlimmes passieren werde. Genaueres hätte er nicht gesagt. Aber eigentlich hätte sie ihm nichts vorzuwerfen. Wenn nur nicht das ständige Vergleichen mit seiner Noch-Frau gewesen wäre.

Dann berichtet sie, wie sie das seltsame Paket in Empfang genommen habe. Sie und Alois hätten es sich besehen. Die Sache sei ihnen spanisch vorgekommen. Ein unbekannter Absender, kein Hinweis auf den Inhalt. Da zu dieser Zeit viele Briefbomben-Geschichten durch die Medien kursierten, alarmierten sie die Polizei. Die rückte mit einem Großaufgebot an, sperrte die Gegend ab, evakuierte die Hausbewohner und entschärfte das Paket. Es war tatsächlich ein Explosionsgegenstand, doch der Zünder war nicht funktionsfähig, wie es das waffentechnische Gutachten ausgesagt hatte.

Ohne Gutachter geht es auch in diesem Verfahren nicht: Er soll dem Gericht Aufklärung darüber geben, in welchem Geisteszustand sich Dieter befand, als er an der Bombe bastelte. War er für das Geschehen gar nicht verantwortlich, weil Liebe und Eifersucht seine Sinne vernebelt hatten? Der Gerichtsmediziner attestiert eine verminderte Schuldfähigkeit aufgrund depressiver Verstimmtheit und Wut. Dennoch sei er für die Tat verantwortlich.

Am 10. Juni spricht das Gericht das Urteil: Wegen versuchter Körperverletzung, versuchter Herbeiführung einer Sprengstoffexplosion und illegalen Waffenbesitzes muß Dieter für zweieinhalb Jahre hinter Gitter. Von Mordversuch war nicht mehr die Rede. Auch die Staatsanwaltschaft hatte den Anklagevorwurf fallengelassen, aber eine Gefängnisstrafe von fünf Jahren gefordert. Eine Tötungsabsicht war dem Angeklagten nicht nachzuweisen. Doch die Ausführung der Tat sei »hinterlistig und gefährlich« gewesen. Hätte er seinem Gegenspieler einen Denkzettel verpassen wollen, hätte eine Attrappe ausgereicht. Wegen der Verwendung des explosiven Gemischs sei eine Bestrafung ohne Bewährung unumgänglich. Zwischen der Extremforderung der Anklage und der »Harmlosigkeitserklärung« der Verteidigung entscheidet das Gericht auf das Strafmaß von dreißig Monaten.

Mit Anrechnung der achtzehnmonatigen Untersuchungshaft und der Möglichkeit, nach zwei Dritteln der Zeit die Strafe zur Bewährung auszusetzen, kann Dieter bald wieder ein freier Mann sein. Ob seine Liebe zu Schwester Marion diese Zeit überdauert?

Der Backofenmord

1988 war sie eine gefeierte Heldin in der Westberliner Presse, als sie von der Hauptstadt der DDR aus die Spree durchschwamm und unverletzt das rettende Ufer erreichte. Fotografen umschwärmten sie, sie genoß das Blitzlichtgewitter. Endlich die langersehnte Freiheit, endlich leben können und nicht nur immer stupide in langweilige, von der Kindheit bis zum Rentenalter vorgezeichnete Bahnen treten. Die damals 22jährige Maria Sturzbecher war am Ziel ihrer Wünsche. Schon einmal hatte sie einen Fluchtversuch über Ungarn unternommen, der in einem DDR-Gefängnis endete. Sie hatte Glück. Durch eine Amnestie war sie schnell wieder draußen.

Neun Jahre später mußte sie sich vor Gericht wegen Mordes verantworten. Die Flucht aus dem Osten hat der Frau kein Glück gebracht. Mit dem Kapital der Freiheitskämpferin konnte sie nicht wuchern. Mit ihrer Sucht nach dem Leben landete sie im Verderben.

Am 18. Juni 1997 stand sie vor den Schranken der 18. Großen Strafkammer des Landgerichts Berlin. Sie und der zur Tat 21jährige Philip Branco sind des Mordes an Marias Großmutter angeklagt. Gemeinsam mit ihrem damaligen Lebenspartner Andreas Braa und Philips Freundin Dora Wolf sollen sie die achtzigjährige Erika Klenner auf grauenvolle Weise am 14. oder 15. Februar 1991 umgebracht haben.

Andreas und Dora fehlten vor Gericht. Andreas war, wie die anderen drei des unglückseligen Kleeblattes, heroinabhängig. Sie kamen damals von der Nadel nicht los. Sechs Monate nach der Tat starb Andreas an einer Überdosis. Die hübsche Dora stand vor Prozeßbeginn noch auf der Liste der Angeklagten. Sie war es, die das Verfahren ins Rollen brachte, denn nie ist sie innerlich mit der Tat fertig geworden. Von Ängsten und Wahn getrieben kam sie Ende Mai 1997, kurz vor Prozeßbeginn, in eine psychiatrische Klinik.

Nun müssen sich Maria und Philip für das Geschehen verantworten, das über sechs Jahre zurückliegt.

Am 19. Februar fand Friedrich Angerer seine alte Mutter Erika Klenner, kurz vor ihrem 81. Geburtstag, tot in ihrer Wohnung in der Ackerstraße in Berlin-Mitte. Die schmächtige, 142 cm große Frau saß friedlich entschlummert in ihrem Sessel, nichts schien auf einen gewaltsamen Tod hinzudeuten. Es roch ein wenig nach Gas, doch es war schon öfter vorgekommen, daß die hochbetagte Seniorin den Gashahn nicht richtig zugedreht hatte. Da aber Fernseher, Radio, eine Kiste mit Schmuck und ein Postsparbuch fehlten, alarmierte Friedrich Angerer die Polizei. Die stellte ihre Ermittlungen nach einiger Zeit ohne Ergebnis ein. Die alte Dame war nach gerichtsmedizinischem Gutachten an Herzversagen gestorben, in der Wohnung fanden sich keine Spuren einer Straftat. Auch an der Backröhre wurden keine Spuren – zum Beispiel Fingerabdrücke – festgestellt, die Hinweise auf ein Verbrechen hätten geben können. Niemand kam damals auf die Idee, den Gasherd nach Haaren abzusuchen. Wäre das geschehen, so wäre die Mordversion aufgekommen und die Täter hätten möglicherweise viel eher ermittelt werden können. Untersuchungen hätten vermutlich schnell zu der rauschgiftabhängigen Enkelin geführt.

Erika Klenner hatte dreizehn Kinder zur Welt gebracht, arbeitete bis ins hohe Alter als Reinigungskraft und wurde von ihren Kindern und Enkeln geliebt. Sie zeigte sich ihnen gegenüber oft spendabel und verabschiedete den familiären Besucher selten ohne einen kleinen Schein.

Nach den eingestellten Ermittlungen landete die Akte in irgendeinem Regal und geriet in Vergessenheit. Doch am 8. Dezember 1996 wurden die Unterlagen wieder hervorgeholt. Auf einem Charlottenburger Polizeirevier war am Tag zuvor die völlig verstörte Dora Wolf aus dem Wedding aufgetaucht und hatte behauptet, zusammen mit ihren Freunden die hochbetagte Seniorin umgebracht zu haben. Das Gewissen habe ihr keine Ruhe mehr gelassen. Im Schlaf würden Schreckensvisionen immer wieder an die Tat erinnern. Sie käme erst zur Ruhe, wenn sie reinen Tisch mit sich und der Toten machen würde. Obwohl sie verwirrt über die Ereignisse sprach und auch die Namen der anderen nicht in ihrem Gedächtnis haftengeblieben waren, wußte die Polizei schnell, um welche Tatbeteiligten es sich handelte.

Der deutsche Staatsbürger Philip, der als Kind mit seinen Eltern aus Jugoslawien nach Deutschland kam und sich inzwischen in Kroatien eine Existenz aufgebaut hatte, stellte sich, nachdem er die Pressemeldungen über den »kaltblütigsten Mord in der Geschichte Berlins« in einer Berliner Boulevard-Zeitung las, am 6. Januar 1997 der Polizei. Maria wurde, nachdem man sie im Dezember erstmals verhörte und sie die Tat einräumte, am 15. Januar verhaftet.

Die Schlagzeilen der Zeitungen vermittelten zu Prozeßbeginn das nackte Grauen: »Oma in Backofen geschoben – tot«, »Enkelin vor Gericht. Sie hat ihre eigene Oma vergast«, »Mord in der Backröhre«.

Der Staatsanwalt verlas die Anklage: Aus Habgier, heimtückisch und um eine andere Straftat zu verdecken, hätten sie einen anderen Menschen getötet.

Aus Sicht des Anklägers spielte sich das Geschehen so ab: Am Abend des 14. oder 15. Februar 1991 begaben sich die Angeklagten mit den anderen Mittätern zu dem Haus in der Ackerstraße in Berlin-Mitte. Sie hatten zuvor den gemeinsamen Tatplan gefaßt, die alte Frau auszurauben und anschließend zu töten. Während Maria und Philip sich zur Wohnungstür begaben, versteckten sich Dora und Andreas im Hausflur. Als sie die Wohnung betraten, stellte Maria Philip als ihren neuen Freund vor. Man kam vom Hausflur direkt in die Küche, und die alte

Frau wollte sich gerade anschicken, für die Besucher einen Kaffee zu bereiten. Während Maria weiter zum Wohnzimmer ging, wartete Philip auf den Moment, da sich die Großmutter zum Herd umdrehte. Dann schlang er ihr von hinten seinen Schal um den Hals und warf sie zu Boden. Erika Klenner soll in diesem Augenblick um ihr Leben gefleht haben. »Bitte laßt mich am Leben«, soll sie immer wieder gerufen haben. Philip soll die Frau mit einem Küchenhandtuch geknebelt haben, um die Schreie zu ersticken, und sie dann mit weiteren Tüchern an Armen und Beinen gefesselt haben. Während dieser Zeit hatte Maria die anderen beiden eingelassen. Zu viert durchsuchten sie die Räume nach Verwertbarem. Die geplante Tötung wollten sie nach kurzfristiger Beratung als Selbsttötung tarnen. Andreas und Philip schoben den Kopf der leblos daliegenden Frau in den Backherd und drehten den Gashahn auf. Nach einiger Zeit lösten sie die Fesseln, setzten die Frau in ihren Sessel. Aus der Wohnung entwendeten sie Fernseher, Radio, Schmuck, Fotografien, Kleidung und ein Postsparbuch, von dem sie später vier mal 500 Mark abhoben. Das Geld teilten sie unter sich auf.

Erika Klenner, so hieß es in der Anklage, »verstarb bereits durch die mit dem Überfall und der Fesselung verbundene Aufregung aufgrund ihrer schweren Herzschädigungen«.

Eine Verurteilung wegen Mordes würde lebenslänglich bedeuten. Maria wurde von Weinkrämpfen erschüttert. Obwohl die langhaarige, blonde, in Schwarz gekleidete Frau aussagen wollte, war sie anfangs nicht in der Lage, einen klaren Gedanken zu artikulieren.

Also gab zunächst Philip eine Darstellung des Geschehens. Das Verbrechen tue ihm unendlich leid, doch es wäre der Drogenkonsum gewesen, der ihnen die Sinne vernebelt hatte. Die Anklage sei insofern unrichtig, daß sie von einem Tötungsplan ausging. Man wollte der alten Frau das Geld wegnehmen, sie aber nicht töten. Die vier kannten sich aus in der Drogenszene. Philip und Dora, das eine Paar, verabreichten sich täglich je ein Gramm Heroin, das sie sich viermal spritzten. Dafür mußten sie je nach Marktlage zwischen 200 und 500 Mark täglich bezahlen. Das Geld stammte von Diebstählen und Autoaufbrüchen. Eines Tages wären Maria und Andreas zu ihnen gekommen und hätten den Vorschlag gemacht, eine Wohnung auszurauben. Mit einem Schlag sollten zwischen 5000 und 6000 Mark zu holen sein. Erst hätten sie abgelehnt, doch die Verlockung sei zu groß gewesen. Bis kurz vor der Aktion hätte er nicht gewußt, wem der Raub gelten soll. Bevor sie sich auf den Weg mit der Straßenbahn machten, gaben sich alle noch einen Schuß. Sonst, so Philip, hätten wir das nicht durchgestanden.

Den Lauf der Ereignisse bestätigte er im wesentlichen. Er war es, der Oma Klenner geknebelt hatte. »Ich hatte die Aufgabe, sie am Hilferufen zu hindern. Es war so abgesprochen, daß ich die alte Frau fesseln sollte.«

Maria schüttelte den Kopf, als sie die Aussage hörte. Das würde bedeuten, alle vier wären in gleichem Maße für die Tat verantwortlich.

Nur schattenhaft erinnerte sich Philip, daß er zusammen mit Andreas den Kopf in die Backröhre gesteckt, den Gashahn aufgedreht, die Frau von den Fesseln befreit und dann in den Sessel gesetzt habe. Es sei die Ratlosigkeit gewesen, die sie zu diesem Schritt getrieben habe. Als sie den Gashahn öffneten, wußten sie nicht, ob die Oma noch lebte. Heute, da er mit klarem Kopf das Geschehen betrachte, tue ihm die Tat schrecklich leid. Nach seiner Auffassung sei es nicht möglich, daß die anderen nichts von der Tat mitbekommen hätten.

Nun sollte auch Maria, die sich nach den ersten Weinkrämpfen gefangen hatte, zu Wort kommen. Auch sie hätte sich, wie Philip und Dora, damals viermal täglich Heroin spritzen lassen, von Andreas, denn sie selbst habe es nicht gekonnt. Anfangs war es Abenteuerlust, dann ließ sie die Sucht nicht mehr los. Es sei ihre Lebenstragödie, daß sie nach ihrer spektakulären Flucht aus Ost-Berlin dem rauschgiftsüchtigen Andreas in die Arme lief und sich in ihn verliebte. Er nahm sie bei sich auf, obwohl sie ein Kind im Leibe trug. Ein zweites Kind, ein damals dreijähriges Mädchen, hatte sie im Osten bei den Eltern zurückgelassen. Schnell waren an der Seite von Andreas die Träume von der Freiheit ausgeträumt. Im Osten hatte sie nichts gelernt, im Westen hatte sie keine Chance. Einziger Lebensinhalt war für beide, genügend Geld für Heroin zu beschaffen. Auf den Strich sei sie nicht gegangen, sie hätte für Andreas den Haushalt geführt, damit er die Hände frei gehabt hätte für seine Fischzüge. Doch es war immer nur das kleine Geld, das gerade für das nächste Gramm Heroin reichte.

Auch die Oma, die selbstverständlich nichts von ihrer Sucht wußte und die sie nach dem Fall der Mauer wieder besuchte, gab immer nur kleine Beträge zwischen 20 und 40 Mark.

Immer wieder hätten sich Maria und Andreas vorgenommen, von der Nadel loszukommen. Doch aus eigener Kraft sei es nicht gelungen. Erst durch den Bruch mit dem rauschgiftsüchtigen Partner und die Einbettung in eine neue Familie wäre es ihr gelungen, die Abhängigkeit vom Gift zu überwinden.

In der Zeit vor der Tat seien die Geldschwierigkeiten enorm gewesen. Nicht selten wären beide rasend vor Entzugserscheinungen gewesen.

Maria wußte vom Versteck des Geldes der Großmutter im Brustbeutel, wo auch das Postsparbuch mit der eisernen Reserve von 5420 Mark lagerte. So reifte zunächst bei ihr die Idee, sich dieses Geld anzueignen. Anfangs stemmte sie sich gegen die eigenen Gedanken. Doch die hatten sich im Hirn festgesetzt und ließen sie nicht mehr los. Wenn sie sich vor Schmerzen wand, war ihr alles egal. Immer kleiner wurde der innere Widerstand gegen die Tat. Als Andreas von dem Geld erfuhr, bedrängte er sie.

Schließlich einigten sie sich, zusammen mit Dora und Philip das Geld aus der Ackerstraße zu holen. Wie es zu der Idee kam, Philip als Freund von Maria bei der Großmutter einzuführen, ließ sich nicht mehr rekonstruieren. Doch nach Marias Worten war keine Gewalt vorgesehen. Philip sollte die

Großmutter ablenken, und sie wollte das Geld suchen. Warum die anderen beiden im Hausflur warten mußten, sei ihr heute nicht mehr in Erinnerung. Sie sollten später beim Durchsuchen helfen, mehr nicht.

Nach ihren Worten sah Maria ihre Großmutter erst wieder, als sie bereits tot im Sessel saß. Alles, was zwischen dem Eintreten in die Wohnung und der Tötung geschehen sei, entziehe sich ihrer Kenntnis. Von einer spontanen Absprache, das Geschehen als Selbsttötung zu tarnen, wisse sie nichts.

Doch dem stehen die Aussagen von Dora entgegen, die sie vor ihrer Einlieferung in die Psychiatrie bei der Polizei gemacht hatte. Danach gab es Übereinstimmung, die Tat zu vertuschen. Also sind alle vier vom Tod der alten Frau ausgegangen. In ihrer panischen Verwirrung hätte niemand den Versuch unternommen, das Leben der Erika Klenner zu retten. »Es geschah im Nebel, niemand wußte, was wirklich passiert war«, hatte Dora der Polizei erklärt.

Obwohl sie damals nicht als Täter ermittelt wurden, war das Geschehen ein dramatischer Einschnitt in ihrem Leben gewesen.

Die Beziehung der vier hatte sich schnell gelöst. Maria hatte nicht die Kraft, zur Beerdigung ihrer Großmutter zu gehen. Sie mied Familienfeste, Besuche bei der Mutter wurden immer seltener. Ebenso wie Dora litt auch sie unter Angstträumen, packte sie immer wieder auch die Furcht vor der Entdeckung. Als die Kriminalpolizei sie im Dezember erstmals verhörte, brach der innere Widerstand zusammen, sie gestand die räuberische Absicht, nicht den Mordversuch.

Am 25. Juni 1997 sprach die 18. Große Strafkammer des Landgerichts Berlin Maria und Philip schuldig und verurteilte sie wegen Raubes mit Todesfolge und versuchten Mordes zu jeweils sieben Jahren Haft. Die Initiative zu dem Verbrechen, hieß es in der Urteilsbegründung, sei von Maria ausgegangen. Die Untersuchungen hätten bestätigt, daß das Gas beim Tod der alten Frau keine Rolle gespielt hätte. Deshalb sei es auch nur Mordversuch gewesen, da die Angeklagten zu diesem Zeitpunkt nicht gewußt hätten, daß ihr Opfer bereits tot war. Wegen der damaligen Drogenabhängigkeit wurde ihnen verminderte Schuldfähigkeit zugesprochen. Bei Philip wurde mildernd berücksichtigt – obwohl er der Hauptausführende der Tat war –, daß er sich freiwillig der Polizei gestellt und vor Gericht ein umfassendes Geständnis abgelegt hatte.

Wenn beide in vier, fünf Jahren wieder draußen sind, dann wird die familiäre Normalität, die sich jeder inzwischen aufgebaut hatte, nicht mehr existieren.

Gemeinsam in den Tod

Nicht wenige Rentnerehepaare wünschen sich einen gemeinsamen Tod. Die Angst, allein zurückzubleiben und mit dem Leben nicht mehr fertig zu werden, hilflos dem Alltag ausgeliefert zu sein, macht diesen Wunsch plausibel. Kommen dann noch Krankheit und Schmerzen des Alters hinzu, die jeden klaren Gedanken verdrängen, dann wird der Wille, gemeinsam den letzten Weg zu gehen, oft zum einzigen Lebensinhalt. Einen Tod mit Würde, nicht endlos und qualvoll dahinsiechen, bewußt die Entscheidung für ein Ende des Lebens zu fällen, darauf hoffen viele. Doch das Gesetz kennt nicht das Recht, gemeinschaftlich aus dem Leben zu scheiden. Es kennt nur Tötung und Selbsttötung, Schuld oder Unschuld.

Ein solcher Fall ist der des 85jährigen Rentners Heinz Michael Rudolf Stahmer. Er wurde am 21. April 1997 angeklagt, »im Zustand der Schuldunfähigkeit versucht zu haben, heimtückisch einen Menschen zu töten«.

Heimtückisch wird in Wörterbüchern mit aalglatt, arglistig, bestechlich, bitter, böse, charakterlos, diabolisch, falsch, boshaft, hinterlistig, verräterisch definiert.

Trifft diese Beschreibung auf den alten Heinz Stahmer zu? Ist er im hohen Alter zu einem Killer geworden, der sich herzlos seiner alten Ehefrau entledigen wollte?

Wer die Geschichte von Heinz und Erna Stahmer gelesen hat, der kann nur ahnen, wie weit die Justizsprache mitunter dem Leben entrückt ist.

Die »Tat« geschah am 3. März 1997 gegen 20 Uhr in einem Berliner Altersheim. Das Rentnerehepaar Stahmer hatte den Entschluß gefaßt, gemeinsam das Leben zu beenden. Zunächst schluckten beide je 75 Schlaftabletten. Als Erna friedlich eingeschlafen war, nahm Heinz ein Küchenmesser und stach ihr, um den Tod schneller herbeizuführen, in den Bauchbereich. Doch als er seine Erna so bluten sah, geriet er in Panik. Er drückte den Alarmknopf und rief das Pflegepersonal.

Erna und Heinz wurden beide gerettet.

Der alte Mann war nach dem Gesetz ein Verbrecher geworden.

Zwar war laut Anklage seine Schuldfähigkeit aufgehoben, weil der hochbetagte Mann zur Tatzeit »an einer Morphin-Benzodiazzepin-Intoxikation im Sinne eines anflutenden Vollrausches sowie an einem Syndrom bei depressiv-suizidaler Paardynamik« litt. Damit erwies sich schon die Anklage in sich als Widerspruch, die dem Senior auf der einen Seite Schuldunfähigkeit attestierte, andererseits von Heimtücke sprach. Auch ging sie von einem einseitigen Akt aus. Er habe den Entschluß gefaßt, Selbstmord zu begehen, und dabei die Absicht gehabt, seine Ehefrau mit in den Tod zu nehmen.

Vor Gericht erschien, wie war es anders zu erwarten, ein gebrochener alter Mann. Klein, schmächtig und schwerhörig. Er konnte kaum laufen, jeder Schritt bereitete ihm Probleme. Stahmer war nur mühsam in der Lage, das Geschehen vom 3. März zu rekonstruieren. Das Gericht mußte sich mit viel Einfühlungsvermögen und Geduld dem Geschehen nähern, was es auch tat.

»Wir wollten beide sterben, keiner sollte den anderen zurücklassen. Das haben wir uns geschworen.«

Der alte Mann mußte, obwohl das zur Bewertung des Geschehens nur eine untergeordnete Rolle spielt, seinen Lebensweg von der Kindheit bis zu jenem schicksalsschweren Tag darlegen.

Als Sechsjähriger wurden er und seine drei Geschwister Vollwaisen. Sein Vater wurde vom Alkohol in den Tod geholt, seine Mutter starb wenig später an Tuberkulose. Ein Waisenhaus in Oberschlesien nahm ihn auf. Dort lebte er bis zum 14. Lebensjahr. Während bei vielen Kindern ein Heimaufenthalt tiefe Spuren hinterläßt, hatte Stahmer eine freundliche Kindheit. Er erinnerte sich gern an die Zeit in der Gemeinschaft Gleichaltriger. Das nahm ihm später auch die Furcht vor dem Leben im Seniorenheim.

In der Zeit der Weimarer Republik erlernte er das Bäckerhandwerk in Oberschlesien, dann zog er nach Berlin. Ein Fehlschlag war seine erste Ehe, die er 1934 schloß. Seine Frau betrog ihn. Sein Charakter ließ es nicht zu, sich damit abzufinden. Er war immer aufrecht, und das verlangte er auch vom

Ehepartner. Als sie sich mit einem anderen Mann einließ, entschied er sofort auf Scheidung. Doch schon ein Jahr später fand er die Frau fürs Leben. Er heiratete 1936 Erna, mit der er bis zu jenem tragischen Ereignis ein Herz und eine Seele war. Sie brachte ein Jahr später einen Sohn zur Welt, weitere Kinder konnte sie nicht bekommen.

Stationen seines Lebens waren 1942 die Einberufung zur Wehrmacht und 1944 russische Gefangenschaft. Doch als Arbeitskraft für schwere Tätigkeiten war Stahmer nicht zu gebrauchen. Ein Rückenleiden quälte ihn, die Russen schickten ihn wieder nach Deutschland. Sein Bäckerhandwerk konnte er aus gesundheitlichen Gründen nicht ausüben. Als kaufmännischer Angestellter arbeitete er bis zur Rente.

Die Familie Stahmer lebte ein unscheinbares, harmonisches Leben, zog ihren einzigen Sohn groß. Mit zunehmendem Alter verstärkten sich bei beiden die körperlichen Beschwerden. Alles wurde zur Qual, nichts konnte mehr Freude bereiten. Besonders Mutter Stahmer litt unter ständigen Depressionen, steckte andere mit ihrer Unzufriedenheit an. Auch für Vater Stahmer waren die Schmerzen, besonders an seiner verdrehten Wirbelsäule, unerträglich geworden. Doch er zeigte es nicht so wie seine Frau, ließ seinen Kummer nicht hinaus.

Als für beide die Leiden unerträglich wurden, entschlossen sie sich 1994, nach 40jährige Ehe, ihrem Leben ein Ende zu setzen. Der erste Versuch schlug fehl. Auch beim zweiten Mal erwachten sie wieder aus ihrer Tabletten-Überdosis. Das veranlaßte den inzwischen pensionierten Sohn, seine Eltern in dem Seniorenheim unterbringen zu lassen. Dort erhielten sie ein Zwei-Zimmer Appartement. Doch die Depressionen brachen nach kurzer Eingewöhnungsphase wieder auf. Es folgte ein erneuter gemeinsamer Selbstmordversuch. Schließlich das Drama vom 3. März 1996.

Am 4. März gegen 13.45 Uhr erwachte Erna aus der Besinnungslosigkeit. Zwar mußte sie als Angehörige von Heinz Stahmer vor der Polizei keine Angaben machen. Doch sickerte beim Pflegepersonal durch, daß sie nicht ihr Einverständnis zum gemeinsamen Selbsttöten gegeben hatte. Ganz allgemein soll sie bekundet haben, nicht mehr leben zu wollen. Aus den Erfahrungen bisheriger Versuche hatte sie Angst vor einem neuerlichen Erwachen gehabt. Die Schmach eines Scheiterns wollte sie nicht noch einmal erleben und sich lieber ihrem Schicksal ergeben. Sie soll ihre Ehemann beschuldigt haben, daß er sie in den Tod mitnehmen wollte.

Heinz Stahmer blieb dabei. Es sei beider Entschluß gewesen, aus dem Leben zu scheiden. In einem gemeinsamen Abschiedsbrief an den Sohn, von Heinz Stahmer aufgeschrieben, hieß es: »Es fällt uns unsagbar schwer, diese Zeilen zu schreiben. Aber wir können nicht mehr weiter, unser Gesundheitszustand ist nicht mehr lebenswert, verzeiht uns.«

Erna habe ihn gebeten, es nicht bei Schlaftabletten zu belassen, damit sie nicht erneut erwachen werde. Deshalb habe er zum Messer gegriffen. Er hatte es auch noch gegen sich richten wollen, doch dazu sei er nicht in der Lage gewesen.

Man trennte nach diesem Ereignis die beiden Alten räumlich. Ihr Verhältnis zueinander besserte sich schnell. Jeden Tag besuchte er sie für zwei Stunden, sie konnten sich auch wieder gemeinsam unterhalten. Während ihre Schmerzen zurückgegangen sein sollen, blieb für ihn das Leben eine Hölle, wie er sagte.

Über Heinz Stahmer schwebte die Gefahr, in eine geschlossene Anstalt eingewiesen zu werden. Er sei akut suizidgefährdet und könne deshalb nicht mehr in einem normalen Seniorenheim leben, hieß es in einem medizinischen Gutachten.

Doch am 23. April 1997 fällte das Gericht eine andere Entscheidung. Als er im Verhandlungssaal zusammenbrach, entschied die Kammer, das Verfahren wegen dauernder Verhandlungsunfähigkeit einzustellen.

Für die letzten Tage seines Lebens muß Heinz Stahmer nun mit der Bürde leben, ein Mann zu sein, der den Versuch gemacht hat, seine langjährige Lebensgefährtin umzubringen.

Mörderisches Familienklima

Als sich der 52jährige Vorsitzende Richter beim Berliner Verwaltungsgericht, Viktor Scharp, in der Reinickendorfer Gutenbergstraße am 17. Januar – es war ein Freitag – gegen 22.30 Uhr zu Bett legte, ahnte er nicht, daß sein Todesurteil bereits gefällt war. Die nächste Stunde würde er nicht überleben.

Er hatte noch einige Akten durchgearbeitet, bevor er sich schlafen legte. Das tat er fast jeden Abend. Abendessen, meist allein, dann noch einige Augenblicke für die Nachrichten im Fernsehen, anschließend ging es an die nie abnehmenden Aktenberge. Dabei wollte er durch niemanden gestört werden.

In dem anderen Zimmer der engen, 50 Quadratmeter großen Zweiraum-Eigentumswohnung warteten vier junge Leute nur auf den Moment, da der Mann eingeschlafen sein würde. Adoptivtochter Marina und ihr Freund Daniel, beide 16 Jahre alt, hatten beschlossen, dem Leben des Verhaßten ein Ende zu setzen. Es gab kein Zurück mehr, keine Angst vor der Tat, von der sie sich versprachen, sie werde ihr Leben radikal verändern. Mit dabei Marinas Freundin Carina, 16 Jahre alt und Mike, 19 Jahre.

Zwischen 23 Uhr und Mitternacht folgte der ungemein brutale Anschlag.

Leise schlichen die beiden in das Zimmer, Daniel stürmte auf das Bett des Schlafenden zu und hieb mit einem Schlagstock auf sein Opfer ein. Dann legte er dem halb Bewußtlosen ein Elektrokabel um den Hals und würgte ihn zu Tode. Da beide nicht sicher waren, daß ihr Opfer wirklich tot war, schleppten sie es zum Bad und steckten seinen Kopf in die mit Wasser gefüllte Badewanne. Das Werk war vollendet. Nun galt es, den stark blutenden Leblosen verschwinden zu lassen. Sie schleiften ihn aus dem dritten Stock des Hauses nach unten auf die Straße. Dort stand sein Pkw Mazda 626. Sie drückten ihn auf den Rücksitz. Dann fuhren sie mit dem Auto auf den wenige Meter entfernten, etwa 35 Zentimeter dick zugefrorenen Hermsdorfer See und übergossen das Opfer mit Benzin. Das Feuer sollte das Eis zum Schmelzen bringen, das Auto im See versinken und so die Spuren verwischen. Doch irgend etwas machte diesen Plan zunichte. Waren es nächtliche Spaziergänger auf der anderen Uferseite, die sie bei der Ausführung störten, oder funktionierte das Feuerzeug nicht? Daniel und Marina gerieten in Panik, sie ergriffen die Flucht.

Inzwischen hatten Carina und Mike das Tatzimmer aufgeräumt, die Mordwerkzeuge und die blutverschmierte Kleidung in den Mülleimer geworfen. Am Montag würde die Müllabfuhr kommen und die Spuren des Verbrechens tilgen. Obwohl es zu dieser Zeit in der Straße fast totenstill war, bemerkte niemand die Tat. Weder Nachbarn noch Passanten hörten und sahen etwas.

Doch die Polizei war viel schneller, als es das Quartett erwartet hatte. Als Daniel und Marina wieder im Haus eintrafen, war bei der Polizei bereits die Meldung über den Leichenfund eingegangen, der Fahrzeughalter des Mazda ermittelt und der Tote identifiziert.

Die 7. Mordkommission hatte bereits die Untersuchungen aufgenommen. Je frischer die Spuren, um so größer die Chance, die Täter zu fassen.

Erste Überlegungen der Kripo, der Richter sei in einem Racheakt von einem ehemals Verurteilten getötet worden, fanden keine Bestätigung. In der 20. Kammer fällte Richter Scharp Urteile zu Asylanträgen und Verkehrsrowdytum, bei denen der Führerscheinentzug eine Rolle spielte. Ein Vergeltungsakt lag also durchaus im Bereich des Möglichen.

Für die 7. Mordkommission war relativ schnell klar: Der oder die Täter mußten aus dem engsten Kreis des Toten stammen. Der nächste Weg führte die Beamten folgerichtig in das Haus des Ermordeten. Schon auf den Treppen waren die Spuren der Bluttat sichtbar. Völlig überrumpelt legte Daniel Stunden später ein Geständnis ab, während Marina noch leugnete. Doch unter der Last der Beweise gab auch sie das Verbrechen zu. Der Haftrichter erließ wegen gemeinschaftlichen Mordes Haftbefehl. Auch die anderen beiden wurden festgenommen, dann aber wieder freigelassen, weil bei ihnen keine unmittelbare Fluchtgefahr bestand.

In ersten Meldungen hatte es geheißen, die Tat

wäre das Resultat einer erhitzten Auseinandersetzung, bei der Daniel die Nerven verloren hätte. Doch das bestätigten die Geständnisse nicht. Zwar gab es regelmäßig Streit zwischen Vater und Tochter, auch an jenem Abend, aber er war nicht Auslöser der Tat.

Es habe zwischen der Adoptivtochter und dem Richter langanhaltende Spannungen gegeben, erklärte nach ersten Vernehmungen die Justiz. Die Jugendlichen, das hätten die Aussagen erbracht, seien schon seit längerer Zeit entschlossen gewesen, ihn zu töten.

Noch lange werden Psychologen zu analysieren versuchen, wie es zu dieser menschlichen Tragödie kam. Wie können Heranwachsende einen Menschen vorsätzlich umbringen, ohne auch nur einen Anflug von Anteilnahme zu empfinden?

Sieht man auf die Schilderungen des Umfeldes von Tätern und Opfer, dann hat mit dem Tod des Richters eine lange und quälende Beziehung ein Ende gefunden.

Richter Viktor und Studienrätin Kathrin Scharpp hatten bereits zwei Kinder im Haushalt, als Marina im Alter von sieben Jahren hinzukam. Sie hieß zu diesem Zeitpunkt Jeanine, doch die Studienrätin wollte eine Marina zur Tochter. Sie war sehr streng zu dem Mädchen und soll es auch geschlagen haben. Deshalb neigte sich das Sympatiependel schnell zugunsten des Vaters. Er verwöhnte es. In der Grundschule, so sagen ihre Mitschülerinnen, war Marina ein nettes, freundliches Kind. Auch eine ehemalige Klassenlehrerin bezeugte: Sie war eine ganz normale Schülerin und brachte gute Leistungen. Nie hätten wir geahnt, daß sie einen solch tragischen Weg nehmen würde, das Urteil ihrer Lehrer.

Doch mit dem Wechsel zur Hauptschule veränderte sie ihr Wesen. Es war ein schleichender Prozeß, der ihren Charakter neu formte und die Eltern, die in einer Beziehungskrise steckten, mußten mit Schmerz erkennen, wie ihr Einfluß auf die Tochter schwand.

Inwieweit sie den Wandel von Jeanine zu der Wunschtochter Marina nicht bewältigt hat, ist nur zu ahnen. Bei Freunden ließ sie sich demonstrativ mit ihrem anderen Namen anreden. Sie ließ keinen Moment aus, den Eltern zu zeigen, daß ihr die neue Identität aufgezwungen wurde.

Einige ihrer Mitschülerinnen konnten sich noch an eine Episode erinnern, bei der sich ein harmloser Streit zwischen dem Mädchen und einer Lehrerin zu einer hysterischen Auseinandersetzung ausweitete. Marina hatte eine Frage nicht im Sinne der Lehrerin beantwortet. »Marina, du weißt doch genau, worum es geht, warum willst du nicht die richtige Antwort geben?« Da sprang sie auf, und es brach aus ihr heraus: »Nennen Sie mich nie wieder Marina, Sie wissen genau, wie ich heiße, warum wollen Sie mich nicht beim richtigen Namen nennen?« Die beruhigenden Worte der Lehrerin machten sie noch wütender. War es für sie eine unerträgliche Demütigung, daß über ihren Kopf hinweg ein anderer Mensch aus ihr gemacht werden sollte?

In den Schulpausen hatte sich das Mädchen, das früher mit allen spielte, mehr und mehr zurückgezogen. Jeder Versuch von Freundinnen, wieder einen engeren Kontakt aufzubauen, mißlang. Sie wurde zunehmend aggressiv und schlug andere Mitschüler. »Wir waren machtlos und mußten zusehen, wie Marina niemand an sich heranließ.

»Irgendwie haben wir geahnt, daß einmal etwa Schlimmes passieren muß. Doch wir wußten nicht, wie wir ihr helfen sollten«, versuchte ihre einstige beste Freundin Melanie das Drama zu erklären.

Was hatte Marina so radikal verändert?

Unterschiedliche Ereignisse und Lebenserfahrungen können zu einem Wandel ihrer Persönlichkeit geführt haben. An welchem Punkt der Haß gegen den Stiefvater das alles beherrschende Lebensthema wurde, läßt sich nur schwer bestimmen.

Mit 12 Jahren lernte sie ihre erste Liebe kennen. Er war 16 Jahre alt. Mit ihren Eltern hätte sie darüber niemals reden können. In dem Alter schon mit einem Jungen durch die Gegend ziehen! Für die Scharp-Eltern wäre eine Welt zusammengebrochen. Also hütete sie ihr Geheimnis, tarnte jede Abwesenheit mit schulischen Aufgaben. Da Vater und Mutter erst zu später Stunde heimkehrten, fiel es kaum auf, wenn sie sich mit ihrem Freund traf.

Gern hätte Marina mit irgend jemandem darüber gesprochen. Doch zur Adoptivmutter fand sie keine Beziehung. Beide ließen es sich gegenseitig spüren, daß sie sich nicht mochten. Für die Tochter war die

Mutter zu pingelig, zu einförmig, zu langweilig. Für die Mutter war sie ein Kind, das »sowieso einmal in der Gosse enden« würde. Nach der Trennung der Eltern war Marina froh, die ungeliebte, intolerante Erzieherin losgeworden zu sein.

Doch mit der Trennung veränderte auch Vater Scharp sein Verhalten. Nun stand die Tochter allein im Mittelpunkt seiner Fürsorge. Jeden Schritt mußte sie erklären, jeden Wunsch nach abendlichem Diskobesuch ausführlich erläutern. Der Vater wollte wissen, mit wem sie sich traf, was sie trank, welche Kleidung sie trug. Was sie »toll« fand, war aus seiner Sicht indiskutabel.

Am liebsten wäre es ihm gewesen, seine Tochter hätte auf abendliche Ausflüge völlig verzichtet. Sie aber wollte raus aus der miefigen Enge der väterlichen Biederkeit, empfand sich lebendig begraben, wenn sie die Wohnung betrat. Auch in ihrem Zimmer fand sie keine Ruhe. Täglich kritisierte der Vater die katastrophale Unordnung, verlangte Einsicht und Disziplin. Es war ein Kleinkrieg, der mit einer monatlichen Aufräumaktion endete. Doch schon Stunden später hatte sich das Zimmer wieder in ein Chaos verwandelt.

Zu den schwarzen Daten ihres Lebens soll eine Vergewaltigung und eine Fehlgeburt mit 15 Jahren gehört haben. Dieses Ereignis hatte sie ihrem Vater nicht anvertraut, sondern lediglich einer Mitschülerin erzählt. »Wenn du schwanger wirst, dann schmeiße ich dich raus«, soll er ihr immer wieder an den Kopf geworfen haben.

Vater Scharp merkte, daß sein Einfluß auf Marina schwand. Hilflos mußte er zusehen, wie sie sich gegenseitig nichts mehr zu sagen hatten außer Unfreundlichkeiten und Vorwürfen. Das Alleinsein nagte an seinen Nerven. Als Ausgleich zu fehlender familiärer Wärme griff er zur Flasche. Angewidert registrierte Marina immer öfter eine Fahne bei dem alten Herren. Immer schwerer fiel es ihr, das Wort »Vater« über die Lippen zu bringen. Das konservative Leben ohne Höhepunkte brachte sie zum Wahnsinn.

Bei den Nachbarn der Scharps war das Urteil einhellig: Vater und die lebenslustige Tochter seien total verschieden gewesen. Marina habe gemacht, was sie wollte. War er nicht zu Hause, hämmerte das Radio, während seiner Anwesenheit durfte nur leise Musik gespielt werden. Zwischen beiden gab es häufig Streit wegen Nichtigkeiten. Doch niemand im Hause ahnte die tödliche Gefahr, die daraus erwachsen würde. Wenn sie 16 ist, wird sie ihren Vater sowieso verlassen, und dann wird es wieder ruhig im Haus werden, glaubten die Nachbarn.

Auf dem Amt zeigte Scharp ein anderes Gesicht. Unter seinen Kollegen galt er als unauffällig, ruhig und sehr ausgewogen. Aus dem Privatleben des Juristen war außer der Scheidung nichts bekannt. Vom schwelenden Konflikt mit seiner Tochter wußte niemand etwas.

Aus dem Dauerzank wurde ein offener Krieg, als Marina ihren Freund Daniel mit nach Hause brachte. Sie stellte ihn nicht vor, er war einfach da, lag auf ihrem Sofa. Daniel, das war von der ersten Minute klar, war für Viktor Scharp ein rotes Tuch; er würde nur schlechten Einfluß auf seine Tochter ausüben. Anfangs versuchte Scharp, ihr die Beziehung auszureden. Beide griffen zu immer schärferen Waffen, bis Scharp seiner Tochter schließlich ein Umgangsverbot mit Daniel aussprach. Doch wie so oft im Leben erreichte er damit genau das Gegenteil. Marina fühlte sich noch stärker zu Daniel hingezogen. Das Klima zwischen beiden wurde eisig. Der Haß steigerte sich und mündete bei Marina in dem Willen, ihren Peiniger mit dem Tode zu bestrafen. Nur so, glaubte sie, könne sie sich aus der Hölle erlösen.

Allein wäre sie vermutlich nie zu der Tat fähig gewesen, in der Gemeinschaft erwuchsen ihr mörderische Kräfte.

Als diese Zeilen geschrieben wurden, war die Anklage bereits erhoben, ein Termin für den Prozeßbeginn aber noch nicht festgelegt. Marina und Daniel müssen als Heranwachsende mit einer Jugendstrafe von zehn Jahren rechnen. Bei Daniel kommt verschärfend hinzu, daß er bereits mehrfach wegen Brutalitäten vorbestraft ist. Carina und Mike dürften bei gezeigter Reue mit einer Bewährungsstrafe davonkommen. Fraglich bleibt, ob die Verhandlung das Rätsel erhellen kann, wie es in einer zivilisierten Welt passieren kann, daß vier normale, durchschnittliche Jugendliche einen solchen Mord planen und auf so grausame Weise ausführen können.

Die Opfer

Jeder kann zum Mörder werden – und jeder kann Opfer sein, wie die beschriebenen Fälle bestätigen. Über Opfer wird selten gesprochen und geschrieben. Ihre Namen sind schneller vergessen als die der Mörder und Totschläger. Aber Opfer sind nicht »nur« die eigentlichen Mordopfer, zu ihnen zählen Verwandte und Freunde dieser Opfer, aber auch Verwandte und Freunde von Tätern. Was wird aus dem Jungen von Theodor Roll, der mit dem Wissen aufwächst, daß sein Vater zu den schlimmsten Verbrechern der deutschen Kriminalgeschichte zählt. Oder Hella Stenzel und ihr Mann Michael – wird es einen neuen Anfang geben können? Wird Daniele Baretti je von dem Trauma erlöst werden, Mitschuld am Tod ihrer Tochter Michaela zu tragen?

Das Leben »danach« wird für die meisten Betroffenen ein Alptraum bleiben. Der Tod eines Menschen hat ihr Leben oft radikal verändert. Sie müssen damit leben. Keiner wird ihnen die Last abnehmen, sie bleiben oft allein in den Trümmern ihrer Seele. Diese Betroffenen sind die stillen Akteure des bösen Spiels. Der moralische Zustand einer Gesellschaft ist auch daran zu erkennen, wie sie sich um die Opfer sorgt.

ISBN 3-360-00913-4

1. Auflage 1997

Verlagsgesellschaft mbH
Rosa-Luxemburg-Str. 16, 10178 Berlin
Umschlagentwurf: Generator
Druck und Bindung:
Ebner Ulm